Die Alpen-Sherpas

Anke Bünz-Elfferding und Wieland Elfferding

DIE ALPEN-SHERPAS

Geschichten vom Hüttentragen im oberen Iseltal

Haymon

Umschlagbild:
Der mit einem Weinfass schwer bepackte Ludwig Brugger in der Nähe der Neuen
Essener Hütte.
(Aus: Schönes Tirol, Innsbruck 1956, S. 46, Fotografenhinweis: E. Baumann-Bavaria.
Der Verlag bittet den Rechte-Inhaber an diesem Bild, den er nicht ermitteln konnte,
sich zwecks Abgeltung zu melden.)

Die Drucklegung dieses Buches im *Jahr der Berge*
wurde von der Kultur- und der Sportabteilung
des Landes Tirol gefördert. Dem für beide
Bereiche zuständigen Landesrat Günther Platter
sei herzlich dafür gedankt.

Die Deutsche Bibliothek – CIP-Einheitsaufnahme

Bünz-Elfferding, Anke:
Die Alpen-Sherpas : Geschichten vom Hüttentragen
im oberen Iseltal / Anke Bünz-Elfferding ; Wieland Elfferding -
Innsbruck : Haymon-Verlag, 2002
   ISBN 3-85218-404-5

Scans: Laserpoint, Innsbruck
Druck: Athesia-Tyrolia, Innsbruck

Inhalt

Alois Berger gewidmet,
einem außergewöhnlichen Bergführer

Der Ort, die Menschen, das Buch
Vorwort

Dieses Buch verdankt seine Entstehung der Tatsache, dass wir mit einem Bergführer auf Hochtouren gingen, der nicht nur Höhenmeter „abreißt" und Gipfel „sammelt", sondern in Natur und Geschichte seines Gebietes einführt. Waren wir nach schweißtreibendem Aufstieg auf der Hütte angekommen, schmeckten uns kühles Bier und Knödelsuppe so unvergleichlich gut, dass sich die Frage einstellen musste: Wie sind die guten Sachen früher heraufgelangt, als es weder Seilbahn noch Hubschrauber gab? Am Anfang stand also die fast peinlich berührende Einsicht: Es ist überhaupt nicht so selbstverständlich, wie es der heutige Bergtourist unterstellt, dass er sich tausend Meter über dem Tal gleich wie unten an den gedeckten Tisch setzen kann.

Einmal, auf der Neuen Reichenberger Hütte in der Lasörling-Gruppe, wurden wir selbst zu Hüttenträgern. Das Wetter erlaubte keine Tour, zudem mussten die schweren Stücke unseres Gepäcks von der Durfeldalm geholt werden, bis wohin sie der Hüttenwirt mit dem Auto fahren würde. Also machten wir uns auf den Weg und stiegen die fünfhundert Höhenmeter zum Depot ab. Auf dem Rückweg zur Hütte hatte jeder sein Gepäck und einen Packen Lebensmittel für den Hüttenbetrieb im Rucksack: fünf Kilogramm Kartoffeln oder einen Laib Käse, ein Säckchen Mehl oder Zucker. Auf den ersten hundert Höhenmetern übertönte das Pathos der gemeinnützigen Tat das summende Drücken der Rucksackriemen auf den Schultern. Doch später trieb die Mühe Schritt um Schritt die Frage ins Bewusstsein: Wie ging das wohl früher zu? So kam es dazu, dass am Abend auf der Hütte Geschichten erzählt wurden, die bald den Plan reifen ließen, einiges von der Hüttenträgerei aufzuschreiben und dem Schicksal des Vergessens zu entreißen.

Denn die „Sherpas von Tirol", wie wir sie bald unter uns nannten, genießen nicht dasselbe Recht wie die hochherrschaftlichen Alpeneroberer und -vereine, deren Geschichte aufgeschrieben wurde.[1] Weder in der Geschichte des Alpinismus noch in der Sozial- oder Alltagsgeschichte haben die Trägerinnen und Träger bislang angemessene Berücksichtigung gefunden, sieht man einmal von dem Buch von Benvenuti ab, in dem die Trägerei unter dem Gesichtspunkt des Transportwesens auftaucht.[2] Die Schwierigkeiten, sich ein Bild von damals zu machen, beginnen ja damit, dass beim schweißtreibenden Geschäft höchst selten eine Kamera zugegen war, und die Trägerinnen und Träger wohl selten in der Laune waren, sich ablichten zu lassen.

Die Darstellungslücke können und wollen wir nicht schließen. Uns genügt es, am Beispiel eines Tales und einiger dort gelegener Hütten den Hüttenträgerinnen und Hüttenträgern ein schriftliches Denkmal zu setzen. Wir sprechen übrigens von „Hüttenträgern" und nicht einfach von Trägern, wohlwissend, dass wir das Missverständnis provozieren, diese Menschen würden Hütten tragen. Wir möchten mit diesem Wort bezeichnen, dass sich das Tragen von Lebensmitteln und Baumaterialien auf die Schutzhütten zu einer besonderen Arbeit entwickelte, die sich vom allgemeinen Transportwesen („Säumerei") ebenso unterscheidet wie etwa vom Heutragen.

Dieses Buch erhebt auch nicht den Anspruch einer wissenschaftlichen Abhandlung oder einer historischen Darstellung. Wir protokollieren nur, was wir erfahren haben, mit allen Lücken und offenen Fragen. Wer andere Alpentäler besser kennt als eben dieses, wird jedoch feststellen, dass die Geschichten vom Hüttentragen dort, bei aller lokaler Besonderheit, doch auf vergleichbare Weise erzählt werden könnten.

Prägraten im Hintergrund, Bobojach im Vordergrund auf einer Postkarte um 1925. Die Vielfalt der landwirtschaftlich genutzten Flächen fällt als Gegensatz zu heute auf.

Die Wirtschaftsentwicklung und die geografische Besonderheit einer Region bestimmen die Unterschiede der Verhältnisse beim Tragen. Wenn, wie im Falle der Bettelwurfhütte im Karwendel, eine wirtschaftlich früh und stark entwickelte Umgebung – das Inntal – dazu beitrug, dass fahrbare Wege weiter in die Höhe führten, dann brauchten die Lasten nur 800 (von den Herrenhäusern weg) oder später 400 Meter hochgetragen zu werden statt 1000 oder mehr Meter. Andererseits setzten die geografischen Besonderheiten dem Tragen selbst in Gegenden mit früh entwickeltem Alpintourismus, wie im Wallis/Schweiz, harte Grenzen. So ließen die Felspassagen und die Steilheit des Weges zur Domhütte von Randa im Mattertal aus allenfalls Lasten von 30 bis 35 kg zu, während die Träger und Trägerinnen des oberen Iseltals von 50 bis 70 kg als Normlast sprachen.

Das Virgental bildet, geografisch betrachtet, den oberen Teil des Iseltals, von der Iselquelle im Umbalgletscher im Westen bis nach Matrei im Osten, wo die Isel um neunzig Grad nach Süden abbiegt, den Gschlößbach aufnimmt und Richtung Lienz fließt, wo sie in die Drau mündet. Virgen im vorderen, östlichen Teil des Tales, und Prägraten im hinteren, westlichen Teil sind die Hauptorte. Der Weg von Matrei über Virgen nach Prägraten und schließlich weiter hinein ins Umbaltal beschreibt den Übergang von einer milden, fast mediterranen Tallandschaft – nicht ohne Grund wurde Virgen als „Meran Osttirols" bezeichnet – zu einer immer wilderen und schließlich so grandiosen wie rauhen Hochgebirgslandschaft.

Von Prägraten führt der kürzeste und leichteste Anstieg auf den Großvenediger, von dem das Tal zu einem nicht geringen Teil lebt, seit der Tourismus zur wichtigsten Einnahmequelle geworden ist. Die Lage Prägratens unmittelbar südlich des Alpenhauptkammes, die Gliederung der Landschaft durch eine Reihe von Seitentälern, welche die vergletscherte Venedigergruppe im Norden wie die Lasörlinggruppe im Süden erschließen, die geologische Vielfalt von zentralalpinem Granit über Quarzite und Kalk bis zu den jüngeren Glimmerschiefern – dies alles trägt zur enormen Attraktivität des Ortes als Ausgangspunkt für Bergwanderer, Bergsteiger und Skitourengeher bei.

Welches Interesse brachte uns zum Schreiben? Es ist dasselbe Interesse, das uns immer wieder aus der Großstadt ins Gebirge zurückführt: die fremde Landschaft nicht nur anzuschauen, sondern sie körperlich zu erfahren, zu durchwandern und zu durchsteigen. Das bringt Anforderungen an die eigenen Fähigkeiten mit sich – wie gering sind sie verglichen mit den Mühen der Trägerinnen und Träger! Das Gehen im Gebirg stellt darüber hinaus so etwas

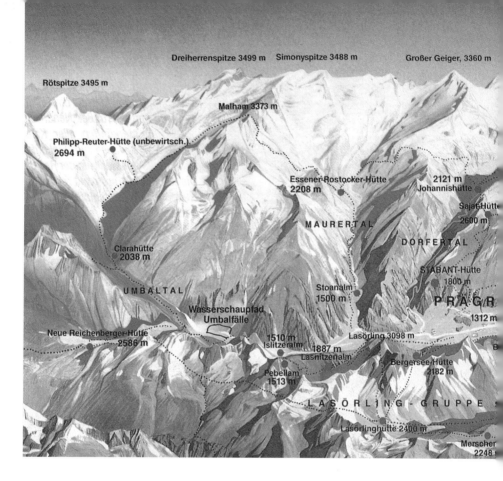

wie eine eigene Form der Erkenntnis von Welt und Umwelt dar, eine Einsicht, die im Sprachstand nachklingt: Man ist und wird, wie es einem er-geht;
Er-fahrung heißt, was einen klug machen kann, Worte aus einer Zeit, als
„fahren", wie in „Bergfahrt", noch eine Tätigkeit zu Fuß war. In der Landschaft, nicht nur in der flachen, ergeht man sich – wie eng sind da Genuß
und Selbsterfahrung beieinander!

Wir hüten uns, diese durch und durch städtische Perspektive auch nur
entfernt mit dem Handwerk der Hüttenträger in eins zu setzen; und doch
öffnet sie uns den Blick auf die zweideutige Vergangenheit des schweren
Gangs im Gebirge: Wie schade, dass es mit der notgedrungen präzisen
Kenntnis von Gelände, Körper und Material, mit der Abschätzung jedes
getragenen Kilogramms ein für allemal vorbei ist; wie gut, dass sich niemand
mehr derart schinden muß!

Wir hätten die Geschichten vom Hüttentragen nicht aufschreiben kön-

Labels on the panorama map:
Großvenediger 3674 m
2796 m
2962 m — Kristallwand 3329 m — Neue Prager Hütte
Defregger-Haus
Alte Prager Hütte — Innerg
2489 m
Gletscherschaup
Badener Hütte 2608 m
2500 m
ssee-Hütte — Hoher Eichham 3371 m — Knappenwe
1840 m
Gosser Alm
Bonn-Matreier-Hütte 2750 m — Kristallkopf
F R O
ELTAL
n
lm — 1990 m — Lanthaler A
Niljoch-Hütte — Gottschaun-Alm — 1746
1945 m
N
Ruine Rabenstein
Wallfahrtskirche — Schwimmbad (beheizt),
Maria Schnee — mit Tennisplatz
VIRGEN 1200 m
VIRGENTAL
Wetterkreuzhütte
2106 m
upalseehütte 2350 m — Arnitzal
1840 m

Panoramakarte des oberen Iseltales mit den Wegen und Hütten

(Aus dem Prospekt „Nationalparkregion Großglockner - Großvenediger")

nen, wenn uns nicht Einheimische des Virgentales erleichtert hätten, ein Stück tiefer in ihre Welt einzutauchen, als es Touristen für gewöhnlich gelingen kann. An erster Stelle ist unser Bergführerfreund Alois Berger zu nennen, der uns Verbindung zum Tal und Verständnis der Verhältnisse vermittelte. Berger ist nicht nur der erfahrenste Bergführer im Tal, er leitete für Jahrzehnte die Einsätze der Bergrettung. Bis heute gilt in jedem Winter sein Wort bei kritischer Lawinenlage.

Nicht alle Sektionen des Alpenvereins, bei denen wir anfragten, zeigten sich an dem Schicksal der Träger interessiert. Wilfried Adler, der ehemalige Vorsitzende der Sektion Prag des Alpenvereins, empfing uns in München freundlich und stellte Material zur Verfügung. Ebenso gewährte uns das Archiv des Österreichischen Alpenvereins Innsbruck mehrfach Einblick in seine Bestände. Freunde aus Innsbruck, Wien und aus der Schweiz haben uns immer wieder mit Tipps und Hinweisen ermutigt, die Arbeit an diesem Buch

Schweizer und Tiroler Kraxenträger vor der Zeit des Tourismus: Käsetransport in Uri (oben, Lithographie um 1850) und Begegnung von Säumern und Trägern auf einem Tiroler Joch (Ausschnitt von einem Fresko in der Innsbrucker Hofburg von Jakob Placidus Altmutter, um 1830)

zu Ende zu führen. Unser Dank gilt allen denen, die mit ihren Geschichten, mit alten Dokumenten und Erinnerungen geholfen haben, eine fast vergessene Welt vor unserem geistigen Auge wieder lebendig werden zu lassen. Johannes Brantschen, Dominikanerpater, Sohn des Wirts der Domhütte und ehemaliger Träger, sowie der langjährige Wirt der Bettelwurfhütte, Peskoller, halfen uns, Vergleiche mit anderen Alpenregionen zu ziehen.

Wo wir auf den folgenden Seiten wörtlich Erzähltes wiedergeben, kennzeichnen wir dies durch Kursivdruck. Allerdings geben wir nicht den Dialekt wieder, sondern eine mit der Hilfe von Alois Berger transkribierte Version. Umso mehr tragen wir, auch wo wir uns auf die Worte anderer stützen, für die gedruckte Formulierung die Verantwortung.

Haben wir herausgefunden, wie es damals wirklich war? Wer wagte das zu behaupten und wovon sollte das abzulesen sein? Jede der Geschichten ist nur deshalb eine, weil sie schon vielfach erzählt wurde. Sie wird sich auf dem Weg des Erzählens verändert haben, nicht nur durch den wachsenden zeitlichen Abstand und die subjektive Färbung, sondern auch durchs Erzählen selbst. Noch die nach bestem Wissen und Gewissen erzählte Geschichte vom Tragen zeigt nur eine Teilansicht von dem, wie es einmal war.

Das gilt von Dokumenten auf andere Weise, aber in nicht geringerem Maße. Bei der Betrachtung alter Darstellungen von Kraxenträgern, etwa von Botinnen oder Schäfern, aus der Mitte des 19. Jahrhunderts beispielsweise fällt die leichte, spielerische Haltung auf, mit der die Figuren für gewöhnlich auf einer Wiese lagern oder an einen Felsen gelehnt behaglich in die Landschaft schauen. Da stört kein Schweiß, kein vor Anstrengung verzerrter Mund die Idylle, wie sie eigens für den städtischen Betrachter präpariert ist. Oder nehmen wir die Abrechnung eines Hüttenpächters über Trägerlöhne: sind hier die Schillinge schwarz auf weiß verzeichnet, wie sie die Hände wechselten, oder hat einer oder haben gar beide einvernehmlich etwas draufgeschlagen, um der Ungerechtigkeit zwischen feinen Herren aus der Stadt und Armut im Tal etwas mehr „Gerechtigkeit" abzuringen? Wie das glatte, fein säuberlich beschriebene Papier gerade solche Umstände verbirgt, mag manche perfekt erzählte Geschichte eine andere, wahre Geschichte verschweigen. Die Vielfalt der Blicke, welche durch Fakten, Geschichten, Bilder und Schriftdokumente auf das damalige Leben geworfen werden, mag die heute mögliche Vergegenwärtigung einer Zeit leisten, welche doch unwiederbringlich vergangen ist.

Die Auswahl unserer Zeitzeugen ist insofern subjektiv, als wir in Prägraten mehr Leute kennen als in Virgen oder Matrei. Nicht alle, die wir um Auskunft baten, wollten unserer Bitte entsprechen. Mitunter bekamen wir den Eindruck vermittelt, unsere Fragen würden in alten Wunden rühren. Tragen als Erniedrigung – und in der Tat, wer würde das heute noch auf sich nehmen? Einmal bekamen wir zur Antwort: „Was wollt's denn da schon wissen? Dann legt's halt 50 Kilo auf und tragt's as hoch, dann wisst's, wie das ist!" Dem ist nichts hinzuzufügen.

Viele sind in den 30er Jahren zur Trägerei gekommen, als sie selbst zwanzig, dreißig Jahre alt waren. Aus dieser Generation haben wir nicht mehr viele lebend angetroffen. Einzelne unserer Zeitzeugen, Maria Brugger und Andreas Egger, sind gestorben, bevor dieses Buch erscheinen konnte. Kamen wir mit unserem Interesse an der Hüttenträgerei auch recht spät, so sei ihnen allen gleichwohl mit diesen Zeilen ein posthumes Andenken gesichert.

Alle haben getragen

Soziale Zusammenhänge der Trägerei

> *„Mein Joch ist sanft, leicht meine Last,*
> *Und jeder, der sie willig faßt,*
> *der wird der Höll entrinnen.*
> *Ich helf ihm tragen, was zu schwer;*
> *mit meiner Hilf und Kraft wird er*
> *das Himmelreich gewinnen.“*
>
> (2. Strophe aus dem Lied
> „Kommt her zu mir, spricht Gottes Sohn“ von
> Georg Grünwald, 1530, Schuster zu Kitzbühl,
> als Wiedertäufer verbrannt in Kufstein)

Einer trage des andern Last. – Heute kommt das Tragen fast nur noch in solchen Metaphern vor. Wer trägt schon noch schwere Lasten auf dem eigenen Rücken? Gewiss, man trägt bei zu diesem oder jenem Gemeinschaftswerk, meist einfach, indem man eine Summe Geldes einzahlt. Wer denkt bei dem Wort „beitragen“ schon daran, leichtere oder schwerere Gegenstände mit eigener Körperkraft an einen Ort zu tragen, wo sie von gemeinsamem Nutzen sein können?

Sehen wir heute Bilder von Lastträgern, so ordnen wir sie, ohne weiter nachzudenken, den armen Ländern oder der Vergangenheit zu. Selbst in den Alpentälern kennt, wer heute jünger als fünfzig ist, das Tragen schwerer Lasten in der Regel nicht mehr. Fünfzig Kilo auf den Rücken zu nehmen und für ein paar Münzen tausend oder mehr Höhenmeter hinaufzutragen, das setzt offenbar Verhältnisse voraus, die es in unseren Breiten längst nicht mehr gibt.

Wer berufsmäßig trägt, muß zeit seines Lebens einiges ertragen. Schwere Lasten krümmen den Rücken, oder umgekehrt, der Rücken weiß wohl, dass nur gebeugt die Lasten erträglich sind. Die Herrschaft geht leicht erhobenen Hauptes. Mit dem Tragen geht wie von selbst die Vorstellung vom Oben und Unten, von Herrschen und Dienen einher. Haben die alpenländischen Lastenträger auch auf den ersten Blick nichts mit den Schwarzen gemein, so kommen doch wie von selbst die Bilder der Träger in den Kolonien ins

Afrikanischer Träger – Inbegriff für koloniales Diener-Herr-Verhältnis

Gedächtnis. In der Werbung für Kolonialwaren wurde vielfach das Bild des
eingeborenen Trägers benutzt. Er steht als exotisiertes Zeichen für die Echt-
heit der kolonialen Herkunft der Ware.

Nirgendwo sonst kommt das patriarchalische Denken so drastisch zum
Ausdruck wie in den Äußerungen der Kolonialliteratur, die sich auf die einheimischen Diener und Träger beziehen. Die Deutsche Safari-Frau Gretchen
Cron über die afrikanischen Träger: „Ihre Arbeit war im höchsten Maße
stumpfsinnig… Zum Glück besaßen sie durchweg kindlich heitere Ge-
müter." Jedoch, „Was man auch gegen ihn sagen mochte, jedenfalls versuch-
te er seinen Unterhalt zu verdienen, und das ist mehr, als Millionen von afrikanischen Eingeborenen tun."[3] Erst wer sich der Lohnarbeitsgesellschaft
anpasste, erhielt einen Abglanz von Achtung der Kolonialherren. So entsteht
in diesen wenigen Worten wie in der wirklichen Geschichte der Kolonisie-
rung jenes zweideutige Verhältnis zwischen bevorzugten Dienern und Herren,
welche jene noch in der Achtung unter sich halten.

Die frühen Schilderungen der deutsch-österreichischen Himalaya-Expe-
ditionen sind eine Fundgrube für Formulierungen, die sich in die Sprache
der Kolonialherren und -frauen mühelos einreihen. So ist in dem folgenden
Zitat umstandslos von „Trägermaterial" die Rede.

„Die Träger hatten ihre gewöhnliche Nahrung: ein Seer = etwa ein Kilogramm Weizenmehl zu bekommen. Hieraus machen sie ortschaftsweise einen
mit Wasser gekneteten Teig, den sie ungegoren in flachen Scheiben oder als
dünne Hülle um runde Steine gewickelt, in heißer Holzasche backen. Dieses

15

Brot war nicht so schlecht, da es sich nicht um dichtschließendes europäisches Kunstmehl, sondern um den landesüblich in Holzmörsern mit Holzstößeln zerstoßenen Schrot handelt, der auch ohne Gärung dem Brote ein lockeres Gefüge gibt. Da die Leute auch im Tale nichts anderes essen, bleiben sie mit dieser Nahrung bei voller Kraft und sind deshalb, ebenso wie wegen ihrer Widerstandskraft gegen Nachtkälte, hier jedem anderen Trägermaterial überlegen, da wohl auch der stärkste europäische Träger durch die Fortschaffung seiner eigenen Bedürfnisse für einen zehntägigen Gletschermarsch voll in Anspruch genommen wäre und daher zur Fortbringung fremder Bedürfnisse keine Kraft verfügbar hätte." [4]

Waren die Herren aus Prag, Wien, Essen und München aus der Zeit der touristischen „Eroberung" des Virgentales völlig frei von jener Haltung, die sich gedankenlos über die Einheimischen erhebt? Gewiss, heute geht es nicht mehr um die hohen Herren, deren Frauen sich nicht selten von Einheimischen in der Sänfte zur Hütte hinauftragen ließen, und die zu Weihnachten in den Bauernfamilien, wo sie zu Gast waren, Bescherung veranstalteten und die Kinder neu einkleideten. Aber es geht um die falsche Geste der Überlegenheit, die das Verhältnis von Auswärtigen und Einheimischen nachhaltig stören kann. Eine kleine Geschichte mag das verdeutlichen.

Ein Bergführer findet auf einer Tour einen besonders schönen Strahlstein, bringt ihn auf die Hütte und schenkt ihn der allseits beliebten Hüttenwirtin, die ihn mehr als einmal nach gefahrvollen Touren mit Schnaps und Bier begrüßt und bewirtet hat. Ein andermal trifft der Bergführer den Vorsitzenden der für die Hütte zuständigen Sektion des Alpenvereins. „Schau einmal, was ich für einen herrlichen Stein gefunden habe, der würde dir auch gefallen." Der Bergführer erkennt auf den ersten Blick den von ihm im Rucksack vom Berg herabgetragenen Stein. Hüttenpächter müssen sich eben manchmal mit den Herren Sektionsoberen gutstellen. Der Bergführer: „Am liebsten hätte ich den Stein genommen und ihn dem Menschen ..."

Das Tragen teilt, wie jede „niedere" Arbeit, die Menschen in Herren und Knechte und im speziellen Fall auch in Fremde und Einheimische. Auch wenn wir es im Folgenden demnach wiederholt mit diesem Gegensatz zu tun haben, an dem wir zudem selbst teilhaben, so ist doch ebenso klar, dass er nicht schematisch aufgefasst werden darf. Einmal gab es immer auch Einheimische, die es nicht, wie andere, nötig hatten zu tragen; andererseits unterschieden sich die Repräsentanten der alpinen Vereine sehr wohl darin, ob sie sich als „Herren" aufführten oder nicht. Kurzum, weder bilden „die Einheimischen" die ununterscheidbare Einheit, als welche sie sich dem Fremden zunächst darstellen mögen, noch sind die „von draußen" alle gleich.

Und doch ist der Gegensatz der Welten zwischen Stadt und Land, so sehr er durch die Verstädterung in Auflösung begriffen ist, eine Realität, zumindest als Wahrnehmungsmuster, das auch die Geschichten vom Tragen formt. Wie unsere Sicht aufs Tragen durch diese Mehrdeutigkeit bestimmt ist, so sind wir, was die Bewertung unseres Gegenstandes angeht, hin- und hergerissen. Wir bewundern die Menschen, die Lasten getragen haben, unter denen wir zusammenbrechen würden. Wir können und wollen jedoch niemandem einreden, die Zeit der Hüttenträger sei zurückzuwünschen. Auch wir schmecken es, wenn wir auf der Hütte sind, einem Knödel nicht an, ob seine Zutaten zu Fuß oder mit dem Hubschrauber heraufgelangt sind. Und doch hängt an dem Tragen eine ganze Welt, die nicht ohne Verlust untergegangen ist.

Denken wir nur an den Zustand der Wege, der eben von der Art sie zu begehen abhängt. Wege, die von den Trägern zur Erleichterung ihrer Arbeit instandgesetzt und gepflegt wurden, verfallen heute. Den Weg zum Defreggerhaus beispielsweise, wie er sich den Bergsteigern Anfang des 21. Jahrhunderts darbietet, könnte weder von Trägern mit schweren Lasten noch gar von Tieren begangen werden. Da liegt Geröll im Weg, und einige Geländestufen, die der Alpinist heute als Vorübung für „seinen" Gipfel betrachten mag, hätten das Fortkommen von Lastenträgern arg erschwert und von Lasttieren gestoppt. So formt das Tragen nicht nur den Menschen mit seiner Mühe und seinen Gedanken, es hinterläßt in der Landschaft seine Spuren.

Sprechen *wir* von der Sache, so müssen wir das Wort „tragen" endlos wiederholen. Andreas Egger, den wir über 80jährig am Klaunzer Berg über Matrei in Osttirol trafen, sprach davon, er sei „aufgsamt", also hinaufgesäumt. Säumen, Säumer, Saumpfad – das sind Wörter, die ein Feld von Bedeutungen bezeichnen, von denen die Tätigkeit des Tragens einst umgeben war. Dazu gehört ein Kreis von Dingen – Lasten, Geräte und Wege – und ein Geflecht von Personen. Den vielfältigen Bezügen entspricht eine Vielfalt des sprachlichen Ausdrucks, der uns heute auf das Universalwort „tragen" zusammenschrumpft.

So hat sich uns, die wir von unseren eigenen Erfahrungen mit dem Rucksacktragen ausgingen und zunächst nach der bewundernswerten Technik des Gehens mit schweren Lasten fragten, das Tragen bald in seine verschiedenen Aspekte und Zusammenhänge verzweigt: von den Geschichten bestimmter

Personen zur Geschichte des Tales, von den Trägern zu den Hütten und ihren lokalen und personellen Besonderheiten, vom Tragen überhaupt zu den Geräten, zur Tragetechnik und zur Entlohnung.

Einer der Bezüge, in dem das Tragen steht, ist das Berggehen und die Mobilität. Der andere ist die Arbeit. Das Lastentragen gehörte, bis weit ins 20. Jahrhundert hinein, zum Alltag der Bergbauern. Nicht nur wurde die Milch von der Alm getragen und das Heu in die Scheune, auch der Mist wurde in Körben auf die Bergwiesen getragen. Das Holz musste, häufig von weit her aus dem Wald, herbeigeschafft werden. Ein Pferd oder ein Maulesel war für viele Bergbauern zu teuer, nicht nur von der Anschaffung, sondern vor allem vom Unterhalt her betrachtet. Was blieb, vor der Zeit des Otto- wie des Elektromotors, anderes übrig, als alle diese Lasten, mit jeweils spezifischen Geräten und Techniken, auf dem Rücken zu transportieren?

Alle in den Bergen haben getragen, nicht alle waren Träger. Träger wurden die, die vielfältige Gelegenheit und Notwendigkeit kannten, Lasten zu tragen und die zumindest einen Teil ihres Lebensunterhalts damit verdienen mussten. Bei jedem Almauftrieb und -abtrieb kam die Kopfkraxe zum Einsatz, um den

Oben rechts:

Anton Steiner beim Tragen
von Pferdebohnen

Rechts:

Onkel Kamillus von Ober-
stein auf dem Almweg

kleinen, auf der Alm für drei Monate benötigten Hausstand hinauf- und wieder hinabzubringen. In den Grenztälern, zu welchen auch das Virgental nach 1918 gehörte, versprach das Schmuggeln Bares und brachte etliche dazu, Lasten über die steilen Hänge des hinteren Umbaltales bis aufs dreitausend Meter hoch gelegene Umbaltörl zu tragen und weiter ins benachbarte Südtiroler Ahrntal, und in umgekehrter Richtung. Noch nach dem Zweiten Weltkrieg galt: Solange das Preisgefälle zwischen Österreich und Italien für einige Waren groß war und die Grenzen nicht im Zusammenhang der Anschläge der späten sechziger Jahre geschlossen wurden, lohnte sich der Transport von Leder und Häuten hinüber, von Zucker, Wein, Feuersteinen und Bucksmehl (Johannisbrotmehl) herüber. Die alte Zollstation in Prägraten, die bis ins Jahr 1970 in Betrieb war, steht heute noch oberhalb des Ortsteils St. Andrä auf der Westseite des Timmelbaches: ein schönes, großes Haus mit nach unten burgartig verdickten Steinfundamenten.

Noch bis nach dem Zweiten Weltkrieg war das Asbesttragen von der Gößleswand ein Zuverdienst im hinteren Virgental. Die Asbestträger bildeten das letzte Glied in der langen Kette der Steinklauber und der Knappen, die von St. Jakob im Defereggen aus das Gebiet unterm Blindis bis hinauf in die ausgedehnten Karlandschaften bei der Neuen Reichenberger Hütte ausbeuten halfen. Schließlich bedeutete der Handel in einem solchen Tal bis vor dem Zweiten Weltkrieg zuerst einmal Tragen: Bevor die Autostraße gebaut war, mussten viele Dinge, die draußen verkauft oder gekauft wurden, hinaus- oder hineingetragen werden. Die „fahrenden" Händler fuhren nicht, sondern kamen mit abenteuerlich bis weit über den Kopf beladenen und behängten Kraxen über die alten Saumpfade ins Tal.

All dies sind Beispiele für die Alltäglichkeit des Tragens damals, aber auch für die sehr beschränkte Gültigkeit des Vorurteils, die Leute im Tal hätten über den Rand ihrer Berge nicht hinausgeschaut. Bevor das Automobil darüber entschied, was als mobil galt, verfügten die Leute über eine ganz andere Art der Mobilität, die eine begehbare Landschaft schuf mit einem heute zumeist vergessenen Wegenetz und mit heute bedeutungslosen Übergängen in andere Regionen und Länder.

I bin der Hans vom Welschenland,
Hab Wetzstein, Sichel, allerhand,
Was I in meiner Kraxn trog,
Ist lauter gute War'.
Zum triaho, zum triaho,
Der Wetzsta Hans ist do.

(Lied aus Tirol,
das auch in Oberbayern verbreitet war)

Am schwersten zu tragen ist ein Mensch

Zwei Geschichten von der größten Last

Beim Tragen ist ein Kilogramm nicht gleich einem Kilogramm. Die Lasten unterscheiden sich nach ihrer Art, sich tragen zu lassen. Und Menschen sind nicht nur mitunter schwer zu *er*tragen, sie stellen auch die schwersten Lasten dar.

Sein schwierigstes Stück sei eine Rettung gewesen, sagt Andreas Egger aus Matrei, der Träger der Bonn-Matreier Hütte aus den dreißiger Jahren. Denn die angestellten Träger waren auch dafür zuständig einzuspringen, wenn einem Touristen etwas zustieß. Zudem war die Grenze zwischen Träger und Bergführer noch nicht scharf gezogen. Egger erzählt:

Da sind einmal vier Studenten auf den Eichham gegangen und ich war auch unterwegs mit einem Herrn auf den Sailkopf. Und dann haben wir auch wollen

Ein alter Träger erzählt:
Andreas Egger vor seinem
Haus am Klaunzer Berg über
Matrei i. O. (1994)

21

Die Bonn-Matreier Hütte in den 30er Jahren, im Hintergrund der Hohe Eichham (3371 m) und davor das Nillkees. (Foto von Franz Schneeberger aus der Festschrift „50 Jahre Sektion Bonn des Deutschen und Österreichischen Alpenvereins 1884 – 1934")

auf den Eichham gehen. Und wie wir auf dem Sailkopf waren, ist Nebel eingetreten und da kommen jetzt vier Studenten daher und eine junge Frau. Und dann habe ich ihnen gesagt, warum kein Wetter ist zum auf den Eichham gehen und die haben gar nicht aufgelost (zugehört) und sind weitergegangen. Ich bin mit dem Herrn wieder hinunter auf die Bonn-Matreier Hütte und dann bin ich hinunter ins Nilltal und von dort weg habe ich müssen das Brennholz hinauftragen. Und dann habe ich halt immer so 90 Kilo aufgelegt auf die Kraxe. Und wie ich dann unterwegs war auf den Sandboden hinauf, etwa um vier Uhr nachmittags, da kommen da zwei von den Studenten daher. Ich müsse sofort hinauf, die junge Frau habe einen Steinschlag abbekommen und den Oberschenkel gebrochen. Ich habe das „Holztrogatle" auf dem Sandboden hinterlassen und bin mit den beiden Studenten hinauf.

Jetzt haben sie sie ganz vorn auf dem Kees gehabt. Da ist ein steiler Abstieg und es ist unmöglich, dort hinunterzukommen. Mit Einheimischen hätte man sich schon abseilen können, aber so… Ich habe ihnen gesagt, sie müssen sie hinter tragen auf die Scharte und dann müssen wir über den Sailkopf. Ich habe sie auf die Scharte tragen lassen und sie dann auf den Rücken genommen. Es war auch noch Regenwetter, ich habe eine Plane darüber getan. Und dann habe ich sie übern Sailkopf getragen. Die Studenten haben die Trage und das Zeug mitgeschleppt. Sie hat sich festhalten müssen und war auch gar nicht wehleidig. Auch wenn sie wehleidig gewesen wäre, hätte ich sie doch runterbringen müssen. Der alte Raneburger, der damalige Hüttenwirt, war oben. Der ist mit der Laterne dahergekommen, weil schon Nacht war. Der Resinger ist auch mitgekommen. Der alte Raneburger hat mich oben auf dem Sailkopf angeseilt und ich habe müssen hinterwärts ober gehen (rückwärts hinunter gehen). *Die Frau war ziemlich groß und die Füße haben immer angestoßen. Die Studenten mussten dann von hinten die Füße halten. Als wir in die Scharte hinunterkamen, wo es direkt ins Tal hinunter geht zur Bonn-Matreier Hütte, war noch Schnee. Dann habe ich die Trage hergenommen und so habe ich sie hinuntergebracht bis fast zur Hütte. Das letzte Stück musste ich sie so tragen. Um Mitternacht waren wir auf der Hütte. Das war eine schwere Arbeit. Schwerer als der Herd. Denn das war ein unbequemes Tragen und vor allem hast du eine Verantwortung, wenn etwas passiert… Die Eltern haben auf der Hütte gewartet.*

Vom Herd der Bonn-Matreier Hütte wird später noch die Rede sein müssen. – Andreas Egger ist im Alter, als wir ihn kennenlernen, ein eher schmächtiger Mann. Wie hat er das nur geschafft: eine Bergtour, dann hinunter zum Holzdepot, fast zwei Zentner Brennholz aufgeladen, danach die Rettungsaktion, die selbst noch einmal eine Bergtour einschloss, in Wirklichkeit jedoch mehr als das Doppelte einer gewöhnlichen Sailkopfbesteigung gewesen sein muss?

Er schildert das alles, die mehrfachen Wege, die uns zweifellos bereits auf der Hälfte der Strecke an die Grenze unserer Möglichkeiten gebracht hätten, mit größter Ruhe und Selbstverständlichkeit. Die Geschichte gibt nach seinem Dafürhalten nur ein Beispiel für die besonders schwierige Arbeit, Menschenträger zu sein. Die Verantwortung, noch dazu für eine Städterin – das schwingt mit in seiner Stimme. Andreas Egger erzählt die Begebenheit jedoch durchweg im Stil professionell-handwerklicher Sachlichkeit, eben für uns, die wir uns auf sein Handwerk nicht verstehen. Bewegtheit und so etwas wie Stolz kommen erst ins Spiel, als er auf die Frage, ob sich die Studentin

23

späterhin noch einmal bei ihm gemeldet habe, bejaht und von einem Brief aus Wien und von einem Geschenk die Rede ist.

Das hintere Umbaltal liegt weit entfernt vom Dorf. Die Hänge sind ungewöhnlich steil und sorgen in jedem Frühjahr für Lawinen, die mehr als einmal die Isel aufstauten und dadurch die weiter unten gelegene Pebellalm bedrohten. Von diesem schwer zugänglichen Tal führt die osttiroler Route auf den beeindruckendsten Dreitausender der Ostalpen, die Röt- oder Welitzspitze, wie die Einheimischen sie nennen. Die Versuche, diese Gegend für den Alpintourismus zu erschließen, reichen bis in die Zeit weit vor dem Ersten Weltkrieg zurück.

Die Clarahütte liegt als Stützpunkt für einen so großen Berg mit nur knapp über 2000m recht tief, zumindest für wenig trainierte Touristen. Also wurde im Jahre 1928/29 weiter hinten im Umbaltal die Neue Essener Hütte in gut 2500m Höhe erbaut. Der Standort gewährte den Gästen aus der reichen Essener Sektion einen idealen Blick auf das Umbalkees und den gesamten Talschluss mit der Dreiherrnspitze. Doch hatten die Erbauer nicht

Ludwig Brugger beim Hüttentransport mit Kopfkraxe im Umbaltal unweit der Clarahütte, im Hintergrund links oben das hintere Umbaltörl

Die Neue Essener Hütte über dem Umbalgletscher, im Hintergrund die Dreiherrnspitze (3499 m)

auf die Einheimischen gehört, die schon damals gewarnt hatten, die Hütte liege im Lawinenstrich. Nachdem das Haus im Winter 1936/37 zum ersten Mal von der Lawine zerstört worden war, hatten die Essener die Chuzpe, im Jahre 1938/39 die Hütte, mit dem Beinamen Philipp-Reuter-Hütte, noch etwas höher, aber nicht weniger im Lawinenstrich gelegen, aufzurichten. Sie hat nicht länger als zwanzig Jahre gehalten, dann wurde auch dieser Bau von der Lawine weggerissen.

Nun gaben die Herren aus dem Ruhrgebiet buchstäblich klein bei: der ehemalige Pferdestall der Neuen Essener Hütte, geschützt unterhalb der Ruine gelegen, wurde zu einem Biwak ausgebaut, das noch heute mit seinen ca. 2600 m Meereshöhe etwa zwei Stunden Anweg zum großen Berg spart. Das Biwak wurde wiederum nach dem langjährigen Vorsitzenden der Essener Sektion, dem Diplom-Ingenieur und Betriebsdirektor Philipp Reuter benannt, einem der Pioniere des Alpintourismus im Tal.[5]

Der legendäre Ludwig Brugger wurde auch „Loden-Brugger" genannt nach der Lodenfabrik seiner Familie in Lienz. Zur Zeit Reuters war Brugger, ein

Hühne von Gestalt, Wirt der Neuen Essener Hütte. Philipp Reuter wollte zu seinem 80. Geburtstag am 31. August 1954 noch einmal auf „seine" Hütte hinauf. Brugger soll, wie erzählt wird, den hohen Herrn, der seine 95 kg wog und natürlich nicht mehr so gut beieinander war wie in jüngeren Jahren, die

letzten zweihundert Höhenmeter, wo der Hang sehr steil wird, auf einer Kraxe hinaufgetragen haben.

Das Bild, der schwergewichtige Reuter auf Bruggers Kraxe festgeschnallt, muss man sich vorstellen. Wie lange mögen sie debattiert haben, bis der immer stärker keuchende und immer langsamer werdende Reuter einwilligte sich hinauftragen zu lassen? Das Gepäck hat er sich vom Brugger gewiss vielfach hochtragen lassen, aber seinen eigenen, nun zu schwachen Körper? Schließlich war er viele Male hier oben gewesen, schließlich war das sein Werk, wenn auch nicht das Werk seiner Hände.

„Man muss so gehn, wie's Herze schnauft"

Geräte und Techniken des Tragens

Das typische Gerät der Hüttenträger war die Kopfkraxe. Heute kann man sie im Alpenraum nurmehr selten im Einsatz beobachten. Ab und zu wird die in der Schweiz „Reff" genannte Kraxe ohne Kopfteil benutzt, um größere Gegenstände wie z.B. Weinfässer oder Benzinkanister auf die Almen zu transportieren. Die Heukraxe wird noch mitunter zum Einbringen des Heus verwendet. Gewiss sind die beim Trekking heute üblichen, über den Kopf aufragenden Rucksackgestelle der Form nach so etwas wie Nachfolger der Kraxe.

Die Kraxe besteht aus zwei Holmen, zwischen welchen, den ganzen Rücken entlang, im Abstand von wenigen Zentimetern kleine Bretter angebracht sind. Die Brettchen sind dem Rücken etwas angepaßt. Am unteren Ende der Holme ragen zwei Dorne im rechten Winkel in die Luft und bilden die Auflage für die Lasten. Damit sie nicht abbrechen, sind sie häufig mit zusätzlichen Halterungen versehen, die weiter oben an den Holmen ansetzen. Am oberen Ende findet die Kraxe ihren Abschluss durch ein Brett, mit der sie auf dem Kopf aufliegt. In der Regel wird der Druck auf den Schädel durch ein reifenförmiges, weiches Polster aufgefangen, das, am Kopfteil unten angezwickt, beim Tragen zwischen diesem und der Schädeldecke zu liegen kommt. Die Kraxe hat Schulterriemen aus Hanf oder Leder, die an den Holmen befestigt sind. Die Riemen mussten verstellbar sein, um die Verteilung der Last zwischen Kopf und Schultern regulieren zu können. Durch Nachlassen der Riemen („Fesseln") hat man zeitweise nur mit dem Kopf getragen und die Schultern enorm entlastet.

War auch die Form der Kopfkraxe vorgegeben, so entzog sich dieses Gerät doch jeglicher Normierung. Die Kraxe ist nicht vererbbar, weil sie für den Benutzer eigens angefertigt und auf den Körper angemessen wird. Eine fremde Kraxe müsste das Tragen schwerer Lasten schier zur Unmöglichkeit machen.

Die Kopfkraxe wird individualisiert nach den Bedürfnissen ihres Besitzers und bestimmter Aufträge. So ist Andreas Egger stets ohne Rückenpolster gegangen, das andere Träger durchaus benutzten. Ihm wäre es zu warm geworden, weil keine Luft an den Rücken gelangt. Auch das Kopfpolster

Alois Berger mit der Kraxe seines Vaters Leo, die auf seinen Rücken allerdings nicht passt

konnte, z. B. was die Füllung mit Stroh oder anderen Materialien anbetrifft, individuell gestaltet werden.

Für den Transport der Firstbalken beim Hüttenbau, z.B. im Falle der Bonn-Matreier Hütte, wurde die untere Abstützung der Last eigens extrem verlängert, um den Balken parallel zum Hang halten zu können und ein Aufsetzen auf dem Boden zu vermeiden.

Zur Kopfkraxe gehört ein etwa hüfthoher Stock, in der Regel ein Ast, mit einer griffartigen Erweiterung am oberen Ende, die von oben eingekerbt ist.

Ein Landarbeiter aus Niedermauern mit dem achteinhalb Meter langen und 86 kg
schweren Firstbalken für die Bonn-Matreier Hütte

In diese Einkerbung wird die Kraxe bei der Rast mit ihrer Unterkante abgesetzt, so dass Kopf und Schultern entlastet werden. Mitunter war am Stock unten eine Scheibe angebracht, um ein Einsinken in den Boden zu verhindern.

Neben der Kraxe gibt es ein zweites universelles Tragegerät: der Korb. Er wurde in verschiedenen Größen benutzt. Wie er zum Gras- oder Heutragen in der Landwirtschaft Verwendung fand, so wurde er, besonders von Frauen, auch zum Tragen kleinteiliger Lasten auf die Hütten gern benutzt.

In den 60er Jahren wird, mit der Verbesserung der Rucksacktechnik, das typische Gerät des Bergsteigers fürs Tragen auf die Hütte eingesetzt. Dieser war schon immer auch das Tragewerkzeug der Jäger. Bei größeren und zumal bei sperrigen Lasten kann er es mit der Kraxe nicht aufnehmen.

Das Tragen, sagen alle, die es erlebt haben, erfordert eine eigene Technik, eine Technik mit mehreren Teiltechniken. Tragen bedingt eine bestimmte Art zu gehen. Es wird gesagt, *die Träger hätten ein eigenes Tempo, einen gemütlichen, langsamen Schritt, einen gewählten Schritt.*

Die Leute in den Bergen gehen anders. Aus großer Entfernung ist, wenn zwei Menschen den Berg hinaufgehen, sofort zu erkennen, wer der Bergführer und wer der Gast ist. Nicht weil der Bergführer vorn geht, sondern weil er anders geht.

Man muss wirklich gehen können, sagt Andreas Egger. *Man darf nicht große Schritte machen, man muss kleine Schritte machen. Man muss langsam gehen. Man muss das Gewicht genau selber legen, nicht dass es einen zurückhält oder nach vorn zieht.*

Du musst gegen den Berg gehen, riet uns einmal ein anderer. Der Körper darf beim Gehen nicht steif und senkrecht sein, sondern muss dem Hang geneigt sein. Gehen ist eine Gewichtsverlagerung des Körpers. Man geht nicht mit den Füßen, sondern die Füße werden vor den Körper gesetzt, um zu verhindern, dass dieser nach vorn fällt. Der Tourist setzt häufig den Fuß vor und zieht den Körper nach. Dadurch entsteht eine ruckartige Fortbewegung, die ein Mehrfaches an Kraft kostet. Der Berggeher geht kontinuierlich, beim wenig geübten Städter ist fast jeder Schritt ein Stehenbleiben, wonach der Körper wieder von neuem in Bewegung gesetzt werden muss.

Für die Touristen sieht es so aus, als habe der einheimische Berggeher kein Verhältnis zur Zeit. Dieser geht, als habe er ewig Zeit. Gleichmäßig, langsam und doch zügig, immer weiter. Das Tragen ist da lediglich eine Ausprägung des allgemeinen Berggehens. Wir legen eine Last auf und wollen schon angekommen sein, so kommen wir nie an. Das Gehen, die gesamte Körperbewegung ist hier in den Bergen auf eine Geographie, eine gegliederte Landschaft mit ihren Besonderheiten, auf einen langen Weg mit seinen Eigenheiten und Beschwernissen angelegt. Die Zeit des Gehens ist auf einen Raum bezogen, der Rhythmus nicht vom Willen diktiert, sondern vom Weg mit seinen Phasen, die nicht übersprungen werden können. Der Bergtourist zückt den Fotoapparat auf dem Gipfel, unterwegs allenfalls bei enormen

Ausblicken oder seltenen Pflanzen. Der Träger schwerer Lasten hat das Ziel, schon um des Überlebens willen, wohl im Sinn, sein Blick richtet sich unterwegs gleichermaßen auf die kleinen Hindernisse, Steine, Geländestufen, an welche sich kein Fremder zu erinnern vermag.

Die Neue Reichenberger Hütte, lange nach St. Jakob im Defereggen orientiert, wird seit den 70er Jahren wieder von Prägraten aus bewirtschaftet. Der Weg führt von der Pebellalm weg zunächst die Karstufe des Groß- und des Kleinbaches steil hinauf zur Stürmitzenalm. Von dort geht es flacher weiter durchs Großbachtal, und wenn man die Steilstufe unter der Gößleswand geschafft hat und auf der Bachlenke steht, ist man gleich bei der Hütte.

In den vergangenen Jahren wurde der Weg derart ausgebaut, dass man mit einem Fahrzeug bis zur ersten Alm im Großbachtal hineinfahren kann. Damals hingegen war es ein steiler und schmaler Steig. Der langjährige Wirt der Neuen Reichenberger Hütte Gotthard Bstieler: *Bis Stürmitzen musste man so 55 Minuten brauchen, war man schneller, hat man weiter oben eingebüßt. Am Anfang war man immer zu schnell, und dann war Schluss...*

Berggeher wissen: Der Anfang entscheidet. Der erste Wegabschnitt hat eine bestimmte Zeit. Da kann kein Rekord aufgestellt werden, die Zeit, die dieser Wegabschnitt hat, muss gegangen werden, sonst ist der ganze Weg kaputt. Mancher schlecht eingelaufene Tourist hat schon unter der Gößleswand vor der Bachlenke aufgegeben, weil, wie ihm schien, es dort so steil und anstrengend ist. Und in der Tat: Von Pebell bis Stürmitzen sind es fünfhundert Höhenmeter und vom Talschluss des Großbachtales bis zur Bachlenke auch ungefähr fünfhundert. Aber dem Denken in diskreten und normierten Einheiten dämmert es nicht, dass dies nicht dieselben fünfhundert Höhenmeter sind, sondern dass die ersten ganz andere und ganz anders über den Weg entscheidende Meter sind und dass man nicht unter der Gößleswand hängt, weil es dort so steil ist, sondern weil man am Anfang den Fehler gemacht hat und zu schnell war, während es doch das eherne Gesetz dieses Weges ist, dass der erste, schwierige Abschnitt seine bestimmte Zeit hat.

Beim Tragen hat jeder Weg und jeder Wegabschnitt seine Zeit. Bis Stürmitzen sind es 55 Minuten, aufs Defreggerhaus ist man vier Stunden gegangen usw.

Vielleicht ist es günstig, den Schritt mit der Atmung zu koordinieren und im Takt des Atems zu gehen, fragen wir Andreas Egger.

Am Anfang hat man versucht, mit der Atmung einen Rhythmus zu koordinieren. Aber das hat man dann sein lassen. Tut man einen kleinen Stolperer,

Leo Berger im Aufstieg zur Neuen Reichenberger Hütte im Bereich der Bachlenke mit noch leerer Steintrage. Im Hintergrund der Großvenediger (3674 m).

dann ist der Atemrhythmus schon durcheinander. Man müsste sonst mit dem Atmen mitstolpern. Nein, wie Andreas Egger sagt, *man muss so gehn, wie's Herze schnauft und wie man es verträgt.*

Der Stadtmensch denkt häufig, er könne eine Last reißen, das geht aber überhaupt nicht. Wo er meint, seinen Willen der Last aufzuzwingen, da hat sie ihn schon bezwungen und er muss bald aufgeben. *Man darf nicht mit Gewalt, wenn man anfangs mit Gewalt arbeitet, dann ist's aus.*

Sieht man einen Träger schwerer Lasten so gleichmäßig und ohne jegliche überschüssige Regung hinaufschreiten, so wird man die sichtbare Haltung leicht als Fügung in das Schicksal, ja als Unterwerfung unter die Arbeit und die Natur deuten. Dem hinaufeilenden Stadtmenschen sieht man diese Deutung der Trageverhältnisse förmlich an. Er wehrt sich gegen die Last, ruckelt hin und her, wird mal schneller, mal langsamer, sein Körperschwerpunkt beschreibt einen langen, wirren Weg, während das Zentrum der Schwerkraft beim geübten Träger den kürzesten Weg vollzieht.

Für den Touristen ist das Gehen kein Thema. Er sieht nur das Ziel und die Folgen, den Gipfel und die Mühe. Zielversessenheit lässt einen womöglich nie ankommen. Für ihn ist das Gehen keine Tätigkeit. Das Gehen muss erst, wie beim Träger, als Tätigkeit rein Mittel zum Zweck werden, zum Job, damit es als solches zum Thema wird. Was sich wie eine altmodisch selbstverlorene Haltung ausnimmt, ist in Wirklichkeit eine hochrationelle Arbeit, die den Körper gnadenlos in den Dienst einer Technik stellt, allerdings einer Technik des Körpers selbst.

Der Tourist mit schwerem Rucksack nimmt sich selbst zum Ausgangspunkt, seinen Körper und seinen Willen, und sucht die Schwierigkeiten durch Selbsttherapierung zu überwinden. Bald, nachdem der erste Ansturm missglückte, legt er eine Rast ein und verspricht sich davon Stärkung des Körpers und Linderung seiner Leiden.

Die Johannishütte unter Großvenediger und Rainerhorn (3560 m) auf einer vor 1930 entstandenen Ansichtskarte

Der erfahrene Träger weiß: *Wenn man zulange rastet, das ist nichts wert. Man soll nicht zu lang rasten. Lieber weitergehn und langsam. Man soll so ungefähr zwei, drei Minuten rasten. Man wird nicht müde, wenn man langsam geht.*

Das Problem des Rastens beginnt mit der Mühe, die Kraxe ab- und wieder aufzusetzen. Das lässt man lieber sein und klemmt sich den Stock unter die Kraxe, um in gebückt stehender Haltung kurz zu verschnaufen. Aber damit nicht genug.

Am Anfang war man immer zu schnell, berichtet Bstieler, *und dann war Schluss. Und dann hat man sich das Rasten abgewöhnt. Mit dem Rasten kommt man aus dem Rhythmus. Auch mit dem Rucksack auf die Reichenberger Hütte hat man nicht gerastet.*

Die Träger sehen das Rasten ganz von der Technik des Traggehens aus. Da kommt keine Beschaulichkeit auf, welche für den Touristen das Rasten rechtfertigt, welches doch häufig nur der mangelnden Technik des Gehens geschuldet ist. Doch verwandelt sich der Träger keineswegs in eine Maschine des Tragens. Wiederum entscheidet die Naturbedingung, die topographische Gliederung des Weges über die rhythmische Einteilung des Weges und der Kräfte.

Tempo, Last und Rast bilden ein Ganzes von Bedingungen und Beziehungen.

Aufs Defreggerhaus, da war die Johannishütte der natürliche Rastplatz. Zur Reichenberger Hütte hat man zweieinhalb Stunden gebraucht mit 18-20 Kilo, mal seltener 25 kg im Rucksack, so Bstieler. *Das war so, dass man oben dann nicht rasten musste. Sonst hätte man oben rasten müssen.*

Beim Tragen hat Egger nichts gegessen. Wohl gut gefrühstückt mit Speck oder einem Schmarrn. Und auf der Hütte haben sie immer ein Essen gekriegt.

Er, Egger, habe keinen Tropfen getrunken während des Tragens. *Denn wenn man einmal anfängt, ist es viel schlimmer. Ich habe mir das so angewöhnt. Auch schon beim Heurechen, die andern haben fest getrunken, ich aber nicht. Abends dann schon.* Das war gewiss nicht der Normalfall. Andere erzählen, dass sie wohl getrunken, jedoch niemals gegessen hätten während des Tragens.

Beim Tragen ist Gewicht nicht gleich Gewicht, Last nicht gleich Last. Die Lasten unterscheiden sich nach der Technik, sie zu tragen.

Die angenehmsten Lasten für Andreas Egger sind ein Zementsackel oder Brennholz für die Hütte. Kein Problem, sie auf der Kraxe sicher zu befesti-

Träger vor der Neuen Reichenberger Hütte (Sommer 1925)

gen. Zudem bewegt sich ein Zementsack nicht wie ein menschlicher Körper, wehrt sich nicht oder schleift nicht mit den Beinen auf dem Boden.

Lebensmittel wären leichter zu tragen, könnte man meinen. Jedoch der Packen ist größer und will mit einem Tuch oder Sack zusammengehalten werden. Zudem musste man vorsichtiger sein. Eier sind so sehr nötig für Knödl und Schmarrn auf der Hütte wie sie ein Alptraum für jeden Träger sind. Für Flaschen gilt ähnliches.

Das schlimmste war ein Weinfassel, wenn es nicht ganz voll war, so dass es immer schüttelt. Das überträgt sich auf einen, das ist das schlimmste. Und dann mussten wir immer im Schatten gehen. Da musste ich abends gehen oder zeitig in der Frühe, dass ich nicht in die Sonne gekommen bin mit dem Wein. So genau ist das gewesen.

Beim Bau der Hütten oder bei ihrer Ausbesserung bzw. Erweiterung werden immer wieder große Holzbalken benötigt. Eine besondere Aufgabe, die nicht jeder beliebige Träger zu übernehmen vermochte, stellten die Firstbalken für das Hüttendach dar.

Der Balken wird auf der Kraxe befestigt mit einem Gelenk, das an der Kraxe sitzt. Die Mitte vom Balken muss genau im Kreuz sitzen, dann hat man die Kraxe unten drangebunden. Und das Gleichgewicht, das kommt alles von selber. In der Kurve muß man sich langsam drehen und dann geht man wieder weiter. Der Wind ist schlimm, wenn man einen langen Balken hat.

Im Sommer 1960: Der damalige Hüttenpächter Herbert Wieser mit Tragtier und seitlich am Weg abgestellter Kraxe auf dem Weg zur Neuen Reichenberger Hütte oberhalb der Hinteren Trojer Alm

Stadtmenschen werden denken, zu zweit gehts besser. Das gilt meist nicht beim Tragen in den Bergen. Die beiden, die etwa einen langen Firstbalken zu tragen haben, müssen in Tempo und Rhythmus genau synchron gehen. In den Kurven kann ein einzelner besser die Fliehkräfte auspendeln und gegensteuern als zwei.

Egger berichtet, dass selbst die schweren Stahlträger mit 92 Kilo, die für die Strommasten am Felbertauern auf die St. Pöltener Hütte zu tragen waren, allein besser zu tragen waren. *Wenn man in die Kurven gehen muss, und dann mit Schnee, und wenn es steil ist, dann hat das ganze Gewicht der, der hinten trägt.*

Auf Erleichterung ihrer Arbeit waren die Träger wohl bedacht. Doch der nächste Schritt führte nicht zum Nächsten, sondern zum Tier. Wo immer das Gelände es erlaubte, wurde für den Hüttentransport ein Maultier oder ein Pferd eingesetzt. Das Tragen mit Hilfe eines Tragtieres verlangt wiederum eine besondere Technik.

Die Neue Reichenberger Hütte wurde, sobald die Lasten von St. Jakob aus weit genug hinaufgebracht werden konnten, auf die Trojer Alm, später wei-

G. Bstieler und Walter Berger entladen das Tragtier vor der Neuen Reichenberger Hütte (80er Jahre)

ter auf die Durfeldalm, mit einem Pferd beliefert. Für den Transport der Bierfässer hatten sie, berichtet Bstieler, eine eigene Vorrichtung mit einem Gurt und einem Haken, wo dieser eingehängt wurde.

Selbst der Held des Herdes der Bonn-Matreier-Hütte, Andreas Egger, kaufte sich später ein kleines Tragtier für die Sommersaison. Ein kleines Pferd. Im Winter hat er es *ausgfurt*, also in fremde Obhut gegeben, wo es gebraucht und gefüttert wurde.

Die Last wurde, wie meist beim Tragtier, in zwei Körben untergebracht, die beidseitig am Sattel befestigt waren. *Ich habe nicht mehr aufgelegt wie 90 bis 100 Kilo. Ich bin hintendrein gegangen,* berichtet Egger, *und habe mich dann leichter getan. Das Tier hatte oben bei der Hütte einen Stall: der Holzverschlag unter der Terrasse. Damit das Pferd gehen konnte, habe ich den Weg oben bei der Hütte ausbessern müssen, weil das letzte Stück zu steil war. Im Winter musste ein bisschen ein Steig gemacht werden, der Schnee etwas ausgeschöpft werden und man hat etwas weniger aufgelegt.*

Sobald die Träger zum Tragtier übergehen, wird der Weg und die Logistik für das Tier das Entscheidende. Wieviele Touristen wissen schon darum, dass sie die Bequemlichkeit eines Wegstücks einem Pferd oder Maultier verdanken?

Da habe ich von Obermauern aufngsamt. Jetzt gibt es einen breiten Weg, aber früher ist man von Stüela weg zum Budamer und so weiter. Und da geht es mitunter so steil hinauf, dass ich vorn gehen musste und dem Pferd den Kopf niederhalten, damit es nicht hintenüberkippt. Und wenn es gerastet hat – die ganze Last war ja immer auf den Hinterfüßen –, dann habe ich es einmal umgedreht, damit es die Vorderfüße belastet. Das nächste Mal hat es das schon von selbst gemacht. Wir haben einander, sagt Egger, *gut verstanden.*

Der Träger entdeckt die Intelligenz seines Tieres im Einverständnis für seine Sorge um einen gleichmäßigen Körperverschleiß. So haben sie sich gut verstanden. *Da denk ich oft an das Pferd.*

Tragtiere sind nicht immer und unter allen Bedingungen einsetzbar. Auf dem Weg zum Defreggerhaus, das in den 50er Jahren Alois Unterwurzacher mit seinen Geschwistern bewirtschaftete, hatte immer ein Familienmitglied das Tragtier in Betrieb. Im Frühsommer, wo oberhalb der Johannishütte vielfach noch Schnee liegt, ist es manchmal eingebrochen – *was willst du denn machen? Abladen und selber hochtragen.* Als letzte Instanz steht hinter dem Tragtier der Träger.

Wir hatten Schwierigkeiten mit den Tragtieren, berichtet Unterwurzacher.

Wir haben fast jedes Jahr ein Tragtier gebraucht. Wenn ein Tragtier in einer schlechten Zeit kaputtgeht, das ist eine Riesenkatastrophe. Abgestürzt, den Fuß gebrochen, danebengetreten zwischen zwei Steine, den Hacksen abgerissen – kannste schlachten auf Ort und Stelle. Der Weg ist ja damals nicht so gegangen wie heute. Er ging früher auf der Seite des Steinbruchs hinauf, da waren ein paar sehr, sehr schlechte Stellen. Wenn ein Tragtier 100, 110 Kilo gehabt hat und es ist gehupft, weil eine Stufe war, dann ist es ein paar Mal passiert, dass es vornüber gegangen ist und abgestürzt in den Bach samt der Ladung.

Beim Bau der Bergerseehütte hat er es auch mit dem Tragtier versucht. Zwei-, dreimal ist er tadellos hinaufgekommen. *Dann hat er dem Tier einmal zwei Säcke Zement geladen und gleich drüben im Wald, da stößt das Tier vorn auf eine kleine Stufe, wo davor ein Baum stand. Das Tier ist gehupft, dabei ist es mit den Körben gegen den Baum gestoßen, es hat sich gedreht und ist abgestürzt und hat unten im Wald gelegen.*

In den 90er Jahren wurde die Hütte wieder mit einem Pferd bewirtschaftet. *Der Hansjörg hat Glück gehabt. Er wollte eine Seilbahn hinauf errichten. Dann haben sie ihm die Seilbahn abgelehnt, dafür haben sie aber auf ihre Kosten* (des Nationalparks) *den Weg so hergerichtet, dass er mit einem Tier durchkommt.*

Eine Seilbahn hätte ein paar hunderttausend Schilling gekostet. Ein Tragtier kostet auch 100.000 Schilling. Wer keine Landwirtschaft hat, muss es über den Winter von einem Bauern füttern lassen, das kostet auch noch einmal 20000. Ein Tragtier kostet also auch viel Geld. Heute kann es geschehen, dass man auf dem Muhsweg über der Lasnitzenalm vom Geknatter eines Crossrads aufgeschreckt wird, das einen, voll bepackt, bald überholt. Es beschreibt einen abenteuerlichen Umweg zur Hütte und der Weg ist auch eben nicht zu breit, aber es wird wohl auf die Dauer billiger sein als das Pferd und weniger Mucken machen.

Unterschied sich die Tragtechnik der Frauen von der der Männer? Es ist ebenso gewiss, dass die Frauen auch die Kraxe verwendet haben, wie sie andererseits die Tragkörbe in der Regel bevorzugten. So haben früher Frauen von Virgen in Körben Eier nach Prägraten getragen, sie sollen beim Hüttenbau aber auch Zementsäcke in die Körbe getan haben. Das weibliche Gerät spricht also nicht in jedem Fall für die leichtere Last.

Andreas Egger meint, es habe Frauen gegeben, die auch 80 Kilo getragen hätten. Dass die Frauen beim Tragen dann auch noch gestrickt hätten, glaubt er allerdings nicht, man müsse zu sehr auf den Weg schauen.

Hüttentransport mit dem Tragtier durch Hansjörg Unterwurzacher:
Ansichtskarte der Bergerseehütte aus den 90er Jahren

*Die Großmutter von
Alois Berger strickend
während einer
Tragpause*

Von der Großmutter weiß Gotthard Bstieler, dass sie beim Tragen immer
strickte, wie es überhaupt von den Frauen, zumindest von den „zähesten",
bekannt war, *weil ihnen ja die lange Zeit beim Tragen zu schade war*. Auch
Alois Unterwurzacher bestätigt, dass die Frauen beim Tragen gestrickt hätten,
trotz 60 Kilogramm auf dem Buckel. *Es ist eine Arbeit. Man muss auf den Weg
schauen, man hat keine Zeit, die Gegend anzuschauen. Kratzer Feldner Jule und
die Klare und vom Morfa drinnen die Nelle (Isabella) vom Leopold Steiner
haben alle Tage getragen und gestrickt und gestrickt dabei.*

Wenn es eine Arbeit war, dann, sollte man meinen, mussten sich die
Frauen doch gerade darauf konzentrieren. Aber nein, umgekehrt, das
Stricken verstärkte wohl die Konzentrationsübung, die das Tragen unver-
meidlicherweise darstellte. Zugleich genügte den Frauen das Tragen nicht als
Tätigkeit, sie mussten die Zeit, als wäre sie sonst tote Zeit gewesen, mit
Nützlicherem füllen.

„Gott sei Dank, dass ich oben bin"

Heldengeschichten ohne Helden

Stundenlang gingen die Trägerinnen und Träger dahin, bis sie endlich die Last herunterlassen konnten. Mussten sich da nicht besondere Gedanken einstellen? Musste nicht die Unsäglichkeit der Mühen ein inneres Selbstgespräch hervorrufen? Extragedanken seien keine gekommen, so lautet die Auskunft trocken. Gedanken beim Tragen? Ja, aber nur der eine Gedanke: Hoffentlich bin ich bald da. Sonst gar nichts.

Und doch wird vom Tragen schwerer Lasten immer wieder erzählt, beim Stammtisch, wenn Ältere und Jüngere zusammensitzen. Dann ist es ja doch eine Sache, über die sich der Erzähler seine Gedanken gemacht hat. Schließlich werden die Geschichten immer wieder erzählt. So die Geschichte von den zwei Männern, die einen schweren Balken hinauftragen wollten *und haben es nicht geschafft, haben den Balken unterwegs auf die Seite geworfen und dann haben sie es nach drei Tagen wieder versucht.*

Ob es eine Ehre war, das Tragen. Nein, überhaupt nicht. Wohl aber brachte es Ansehen, wenn man es schaffte, 50 Kilo auf eine Hütte hinaufzutragen. Das gelang niemandem aus dem Stand.

Das Tragen hatte nicht nur eine Verbindung zur Landwirtschaft, es war auch eine Vorstufe zur Bergführerei. Früher, bevor es die ausgeklügelten und hoch anspruchsvollen Ausbildungsordnungen für staatlich geprüfte Berg- und Skiführer gab, musste einer zwei Jahre getragen haben, um dann über die Zwischenstufe des Bergführer-Anwärters zum Bergführerberuf aufsteigen zu können. Die Anwärter mussten mit einem autorisierten Bergführer mitgehen und den Gästen das Gepäck tragen. So finden sich unter den Trägern nicht nur deshalb Bergführer, weil diese in einer schlechten Saison dazuverdienen mussten oder weil sie in Personalunion als Hüttenwirte Lasten zu ihrer Hütte hinauftrugen, sondern weil das Trägerdasein zu ihrer beruflichen Entwicklung gehörte.

Einmal, es muss in den 50er Jahren gewesen sein, sollte ein neuer, großer Küchentisch von Hinterbichl aus auf die Johannishütte getragen werden. Die Aufgabe übernahm Alois Berger. *70 Kilo hat er gewogen, der Tisch. Drei Meter lang. Und über dem Gumbachkreuz – da war noch keine Straße damals, so ein schmales Steiglein – , da kam ein solcher Wind auf. Der Tisch auf der Kraxe, die*

Die Johannishütte im Jahr 1959, als man für Versorgung und Baumaßnahmen noch ausschließlich auf Träger und Pferde angewiesen war

Kraxe vom Leo hat mir überhaupt nicht gepasst, – der Wind hat mich mehrmals hin- und hergetrieben. Ich bin auch mehrere Male gestürzt mit dem ganzen Gestell. Vom Lohn konnte man sich vielleicht fünf, sechs Bier kaufen.

Ehrgeiz war schon dabei, wer sollte die Aufgabe sonst übernehmen? Aus der alten Trägergeneration lebte damals kaum noch jemand. Da waren nurmehr der Bergführerkollege Theo Brandstätter oder er, der Alois Berger. Ferdinand Berger vermittelte ihm die ersten Touren, half ihm. Der hat ihn gemocht, *aber gut bezahlt trotzdem nicht, ganz im Gegenteil.*

Warum haben sie das auf sich genommen? Andreas Egger meinte, sie hätten einem Muss gehorcht. *Musst etwas verdienen, musst etwas machen, musst etwas tun.* Und doch klang Stolz mit und fast so etwas wie Nostalgie, wenn er von sich sagte, dass er im Herbst mit Holz nie unter 90 kg gegangen sei. Im Herbst habe er leicht getragen. Denn im Herbst ist die Luft fürs Bergsteigen wie fürs Tragen häufig ideal: kälter und trockener als in den Sommermonaten.

Das eigene Körpergewicht oder gar noch mehr den Berg hinauftragen zu können, das schafft nicht ein jeder. Egger wog damals um die 74 Kilo. Beim Provianttragen lagen die Lasten darunter, bei 55 bis 60 Kilo, beim Holztragen eben darüber. Wie hält einer das über Wochen und Monate durch?

Ich bin das Tragen von Jugend an gewöhnt gewesen. Mir kommt halt vor, die Sportler fangen auch frühzeitig an und bei mir war dasselbe. Ich habe da, auf dem Bauernhof, schon mit sechs, sieben Jahren alles tragen müssen. Und das ist mir selber ein Rätsel, dass ich meine Füße nicht kaputtgemacht habe. Und auch das Herz nicht. Ich kenne viele, wo das anders war, aus Prägraten auch, die getragen haben, und die sind alle gestorben.

Andreas Egger erzählte nicht ungern von seiner Zeit als Träger. Doch das heißt nicht, dass er das Tragen hochlobte. Oft dachte er sich, *es ist nicht das Richtige für einen Menschen, einen Menschen kaputtzumachen in der Jugendzeit – aber es war einfach die Zeit so schlecht.*

Wer am Tragen zum Krüppel wurde, wird sich dessen schwerlich gerühmt haben. Auch wird es kaum Reihenuntersuchungen gegeben haben, die, wie man es vergleichsweise aus Bergbaugegenden kennt, über die besonderen, vom Tragen herrührenden Gesundheitsschäden Auskunft geben würden.

Alois Unterwurzacher berichtet: *Ich habe dann auch einmal Schwierigkeiten gehabt, dauernd diese Schulterschmerzen – bin ich zum Doktor gegangen. Sie haben geröntgt und da sagt der Arzt: Wann hatten Sie den Unfall? – Ich hab doch keinen Unfall gehabt. – Das rührt doch von einem Unfall her! Was haben Sie denn gemacht? – Unfall habe ich keinen gehabt. Ich kann mich nicht erinnern, dass ich meine Schultern demoliert hab. – Dann hat er mich ausgefragt, und dann sind wir auf diese Trägerei gekommen. Dann hat er gesagt: Ist alles erledigt, dann weiß ich schon…*

Und dann war die Trägerei auch wieder ein Beruf wie jeder andere mit seinem Gewusst-Wie, mit dem Wettbewerb um die pfiffigste Lösung und um die materiellen Vorteile, die klug eingesetzte Erfahrung mit sich bringt. Davon erzählt die folgende Geschichte von Andreas Egger.

Als die Stromleitung über den Felbertauern gebaut war, kam einmal im Winter viel Schnee und der hat die Ausleger heruntergedrückt, über welche die Leitungen laufen. Da mussten sie im Winter stärkere Ausleger besorgen, die haben sie ins Tauernhaus hinausgefahren und von dort haben wir sie müssen hinauftragen. Es waren etwa 16, 17 Träger. Da haben wir draußen im Tauernhaus die Schneereifen (Schneeschuhe) angezogen. Dann hat man 50, 60 Kilo auf die Kraxe getan und ist auf die St.Pöltener Hütte gegangen damit. Und abends ist man wieder heruntergekommen und hat sie wieder ausgezogen, die Schneereifen.

Wenn einer 25 Kilo getragen hat, dann hat er die 300 Schilling gehabt und das Essen dazu. Wenn einer mehr als 25 Kilo getragen hat, 50, 60 Kilo, dann ist nach Kilo gezahlt worden. Das war ganz eine nette Schicht, ein netter Lohn. Und dann sind schwerere Stücke gekommen mit 50, 60 Kilo, auch mit 92 Kilo waren vier Stück – und die mussten halt auch hinaufgetragen werden.

Ich bin als letzter reingegangen, die anderen früher. Vier, fünf Wochen sind wir drinnen gewesen.

Einmal, das war ein schöner Tag, mussten wir die 92-Kilo-Schienen hinauftragen. Zum Wirt habe ich gesagt, morgen müssen wir sehen, dass wir die hinaufbringen. Dann haben sich zwei und zwei Mann zusammengerottet. Ich sagte, ich möchte nicht dabeisein und lieber allein tragen. Was sie denn verlangen für die schweren Schienen, fragte der Wirt. Die Hälfte mehr, habe ich gleich gesagt. Dem Wirt war das viel zu viel. Er musste zuerst den Ingenieur fragen. Dann ist der Ingenieur gekommen und hat gesagt, die Schienen müssen hinauf, fertig, es sei gut. Und die andern haben dann die Hälfte mehr gekriegt. Ich bin in der Frühe gleichzeitig mit den andern losgegangen und habe mir eine 50-Kilo-Schiene auf die Kraxe getan. Ich bin bis auf den Tauer gegangen, dort habe ich sie niedergelassen und bin wieder runtergegangen, um die zweite zu holen. Unten habe ich ein bisschen gejaust, habe die zweite Schiene mit 50 Kilo auf die Kraxe getan und bin wieder hinauf direkt zum Zweiermast bei der Hütte. Ich habe 100 Kilo hochgebracht und die andern haben zu zweit 92 Kilo gebracht. Ich hatte um die Hälfte weniger und hab doch mehr verdient als die andern. Und die sind so müde gewesen, dass sie kein Abendbrot essen konnten, so fertig waren sie. Mir hat das nichts ausgemacht. Das hat auch oben der Ingenieur nicht verstanden, dass ich zweimal gegangen bin.

Es gibt sie schon, die „Heldengeschichten" des Tragens, aber es sind Heldengeschichten ohne Helden. Die neu gebaute Bonn-Matreier Hütte brauchte einen Küchenherd. Andreas Egger übernahm die Aufgabe, die besondere Last hinaufzutragen. *Den Herd,* erzählt Andreas Egger, *habe ich nach Prägraten hineinbringen lassen, weil es von da flacher geht als von Obermauern. Von Oberstein aus geht es zuerst steil in Serpentinen hinauf und dann so ein flaches Steigl zum Nilljoch, wo heute die Nilljochhütte steht. Der Steig war damals noch schmaler als heute. Vor zwei oder drei Jahren ist da ein Herr abgestürzt. Und wenn ein Jäger da mit einem Hund hinausgeht, dann wird der Hund angehängt – , wenn der vom Steigl wegkommt, dann ist er weg. Und da bin ich mit dem Herd hinausgegangen. Ich bin von Jugend an gewöhnt gewesen, in die steilen Hänge zu gehen, da hat mir das nichts ausgemacht.*

Der Hof Oberstein mit Kapelle oberhalb von Bobojach, markante Station auf dem Weg von Prägraten aufs Nilljoch und weiter zur Bonn-Matreier Hütte

Am Sonntag habe ich ihn am Nachmittag von Prägraten nach Oberstein getragen. Dann habe ich beim Grieser drinnen geschlafen. Am nächsten Tag in der Frühe bin ich losgegangen und war nachmittags um zwei auf der Hütte mitm Herd. Ich habe alles zerlegt, was zu zerlegen war, und dann hat er noch das Gewicht gehabt. Das haben sie später ein bisschen übertrieben, 114 kg haben sie geschrieben, – 106 kg hat er gehabt. Der aus Lienz, von dem er gekauft worden ist, hat oben auf der Hütte gewartet, um ihn aufzustellen. Und der hat mir gesagt, dass er 106 kg wiegt.

Ich habe die Platte weggetan, den Herd aufgestellt und wo die Platte draufkommt, auf die Kraxe gestellt, so dass die Beine in die Luft zeigten. Auf der ganzen Strecke gab es zwei oder drei Stellen, wo ich schön habe rasten können.

Die Matreier Alpenvereinsfreunde haben in ihren Mitteilungen aus dem Jahre 1992/93, wo sie die Geschichte aufgeschrieben haben, aus 106 kg 114 kg gemacht, das musste richtiggestellt werden. Aber erscheinen uns, nach Abzug der Übertreibung, die wahren 106 Kilogramm nicht fast noch schwerer als die 114 übertriebenen? Die Bezahlung bestand aus drei Monaten Krankenkassenbeiträge. Das fand er nicht viel. Er wollte es nicht aus-

Das Defreggerhaus am Fuße des Großvenedigers um 1912

schlagen, den Herd zu tragen, denn im Herbst war leicht zu tragen. Im Jahr 1976 wurde ein neuer Herd auf die Hütte gebracht, diesmal mit dem Hubschrauber.

Nach dem letzten Krieg waren die Hütten in einem miserablen Zustand, so dass für die Pächter genug zu tun war. Aber zunächst ging es vielfach darum, wer den Zuschlag für die Hüttenpacht bekam. So war es auch mit dem Defreggerhaus des Österreichischen Touristen-Klubs, bevorzugter Ausgangspunkt einer Venedigertour für weniger konditionsstarke Touristen aus dem Flachland. Alois Unterwurzacher kannte, wie er erzählte, den Rudl Eller vom ÖTK – *das war ein gewaltiger Dolomitenfex, ähnlich wie der Louis Trenker –*, schlug ihm vor, das Defreggerhaus zu übernehmen, *und der sagte: Das machen wir.* So haben sich die Unterwurzachers beworben und die Hütte sofort bekommen. Einfach war es aber nicht: *Während des Krieges waren die Hütten demoliert, viel war zerrissen, Holz war von Soldaten und Flüchtlingen aufgeheizt worden, von Einheimischen wahrscheinlich auch noch. Es ist gestohlen worden, es war keine Bettwäsche mehr da. Es hat ausgeschaut wie herunten, wo die Bomben eingeschlagen haben. Das musste alles ersetzt werden, die ganze Hütte war neu einzurichten. Die Geschwister haben beim Tragen geholfen. Die Hütte war sehr schnell wieder funktionsfähig. Aber in den ersten fünf Jahren hast du einen Umsatz überhaupt nicht zusammengebracht.*

Sie hätten jahrelang keine fremden Träger eingesetzt, sondern die Hütte nur mit der eigenen Familie bewirtschaftet. Um 1948 hatten sie zum erstenmal Tragtiere, zwei Mulis. Dann musste zunächst der Weg repariert werden, damit man mit einem Tragtier durchkommt. Es gab eine Reihe von Stellen zwischen Johannishütte und Defreggerhaus, besonders im letzten Stück zwischen Wallischem Stein[6] und Hütte, wo man wegen der Geländestufen mit einem Pferd einfach nicht durchkam. Da war sehr viel zu tun.

Sie versuchten, die Hütte recht früh aufzumachen, *wir hatten ja Zeit, wir hatten ja nichts zu tun. Zunächst ist man bis zum Steinbruch gekommen, oberhalb war Schnee. Vierzehn Tage später ist man bis zur Johannishütte gekommen – vor dem 15. August sind wir mit den Tragtieren nie auf das Defreggerhaus hinaufgekommen. Sicher, bis zum Wallischen Stein ging es vielleicht früher schon, aber die Schattenstelle, der Sack da unter der Hütte, der ist einfach nicht schneefrei geworden. Dann haben wir die Sachen weiter unten abgelegt und sind umgekehrt und die von oben haben die Sachen holen müssen.*

Es waren Touristen, die schon im März, April angerufen haben und gesagt, wir wollen am 20. Juni den Venediger besteigen, bitte, machen Sie uns die Hütte

auf und führen Sie uns auf den Venediger. Da hat man den Leuten zurückge-
schrieben: So wie Sie sich das vorstellen, wird es wohl nicht gehen, dass man auf
einen Samstag hier ankommt, totmüde, und dann von da weg gleich auf den
Venediger, am Sonntag oder Montag, das hält ein deutscher Urlauber nicht aus.
Und dann hat man regelmäßig die Antwort bekommen: Herr Unterwurzacher,
machen Sie sich keine Sorgen, wir kommen dann und dann, wir sind zwölf Leute
und Sie führen uns.

Die sind gekommen – eine Katastrophe: meistens eingebrochen im Schnee bis
zur Hüfte. Einzelne brauchten drei Stunden länger bis zur Hütte, total hin. Und
dann den nächsten Tag auf den Venediger. Schönes Wetter, gehma (gehen wir),
aber i sag's Euch, i hab's Euch geschrieben: Ihr kommt alle miteinander nicht hin-
auf. Es war dann immer so, dass unterm Rainerhorn, am Rainertörl, drei, vier
dabei waren, die nicht mehr konnten. Da haben wir fast immer umdrehn
müssen. – Deswegen haben wir oft früher aufgemacht und sind oben geblieben,
weil einzelne Gruppen gekommen sind, um den Venediger zu machen.

Was hier wie selbstverständlich erwähnt wird, hat mancher professionelle
Bergführer im Tal damals gewiss nicht ohne Stirnrunzeln beobachtet. Denn
Unterwurzacher und seine Brüder werden nicht die einzigen Hüttenpächter
gewesen sein, die es damals, bei fehlender Ausbildung, mit der offiziellen
Berechtigung zum Bergführen nicht so ernst nahmen. Alois Unterwurzacher
jedenfalls war 1963 das letzte Mal oben, dann sind die jüngeren Geschwister
als Hüttenwirte nachgerückt.

Im selben Jahr, von Mitte Juni bis Mitte September, war David Steiner das
erste Mal auf dem Defreggerhaus. Ein, zwei Jahre hatten sie noch einen
Säumer. Dann übernahmen sie diese Dienste selbst. Lebensmittel, Kohle und
Holz transportierte er mit einem Pferd hinauf. Als der Tourismus zunahm,
lohnte sich der Einsatz eines zweiten Pferdes.

Zum Transport trugen die Pferde auf beiden Seiten Eisenkörbe, gefloch-
tene Körbe hätten das Gewicht oft nicht ausgehalten. Die Weinflaschen hat
er in Plastikkanister umgefüllt. Kleinere Sachen wurden noch einmal ver-
packt, damit sie nicht durch die Eisenstäbe rutschen konnten. Als die Fenster
erneuert werden mussten, haben sie auch das Fensterglas hinaufgetragen, ver-
packt in Decken und Pappe.

David Steiner hat *so 150 Kilo aufs Pferd aufgelegt.* Das Pferd sei *mit 150 kg*
am bravsten gegangen.

Um 3 Uhr musste man aufstehen, zum Bäcker gehen Brot holen, die anderen
Sachen zusammenholen und aufladen, um 5 Uhr in Hinterbichl weg. Um 9 Uhr

Oben:
Vor dem Defregger-
haus (um 1965)

Rechts:
David Steiners Pferd
mit den Eisenkörben

*David Steiner mit seinem Pferd im Dorfertal unweit der Johannishütte, im
Hintergrund der Großvenediger und das Rainerhorn*

*war man oben, wenn es gut ging. Der Verdienst lag bei 4.000 bis 5.000 Schilling
im Monat.*

Der Weg zur Hütte musste im Sommer immer erst ausgebessert werden,
weil die Lawine ihn verschüttet hatte und viele Stellen spät ausaperten. Wenn
diese Stellen mit dem Tier nicht passierbar waren, mussten die Lasten not-
falls mit dem Rucksack hinaufgetragen werden. Am Anfang des Jahres war
die Arbeit schwer, dann hat man sich an die Luft und an die Schwierigkeit
gewöhnt. *Eigentlich ein ganz normaler Beruf.*

Und doch war es nicht selbstverständlich, dass einer trug. Das *Tragen hat
damals Neid eingetragen. Jeder hat das Packl schon abends gerichtet und an einer
günstigen Stelle am Anfang des Weges versteckt. Es kam vor, dass andere das Packl
genommen und das Geld kassiert haben.*

Alois Unterwurzacher baute zwischen 1955 und 1959 die Bergerseehütte,
setzte sie in Betrieb, bewirtschaftete sie. Jeweils im Herbst, erzählt er, *wenn
wir vom Defreggerhaus herunter waren, trugen wir auf die Hütte Sachen hinauf*

und bauten. Zehn Mann herunter, den nächsten Tag zehn Mann wieder hinauf.
Beim Bau der Bergerseehütte mussten die Arbeiter immer wieder herunter, es
waren ja oben noch keine Schlafmöglichkeiten. In der Frühe hat jeder seine Kraxn
derwischt und ist mit 50 Kilo beiläufig losgezogen.

Aus dem Alltag heraus geht das Tragen doch immer wieder an die Grenze,
an die Grenze der eigenen Möglichkeiten und an den Rand des Alltäglichen.
Vielleicht zeigt sich dann, dass, wie es uns Städtern eher vorkommt, das
Tragen sowieso eine verrückte Sache war.

Einmal hatten die beiden Taxer, damals in den besten Jahren, beide Jäger, und
ein paar Einheimische 100 Kilo hinaufgetragen, und dann wurde gefeiert. Es
war einmal bei einer solchen Feier. Es wurde Wein getrunken, und noch einmal
ein Glühwein und noch einmal ein Glühwein und, im Rausch und in dem Über-
mut, da konnte ein Taxer nicht mehr stehen, – da haben wir Aufbahrung gemacht
da oben, auf ein Brett gelegt oben im Gastzimmer und ein weißes Tuch drüber,
zwei Kerzen angebrannt – und da hat er halt geschlafen. Wir haben so getan, als
wenn wir eine Leiche vor uns hätten. So sinnlose Sachen, übertriebene Späße…

Gotthard Bstieler begann als Schüler um 1960, damals dreizehnjährig, mit
der Trägerei. Mit einem Freund ging es regelmäßig auf die Johannishütte und
die Rostocker Hütte. Das Geld beförderte sie auf einmal in den Kreis der
Privilegierten im Tal, die sich etwas kaufen konnten, das es ansonsten nur
draußen gab: einen jener neumodischen Pullover mit V-Ausschnitt oder eine
Agfa-Klack. Der Lohn für ein Frühjahr Trägerei reichte zum Beispiel, um die
Wolle für den Pullover zu kaufen, den eine Frau im Tal auf ihrer neuen
Strickmaschine fertigte.

Wer von den Jungen zum Träger wurde, hing zuerst von den Pächtern der
Hütten und ihren Familien ab. Sie schusterten einem den Job zu. So war das
Tragen auch auf einen recht kleinen Kreis von „Günstlingen" der Pächter-
familien beschränkt.

Einmal hieß es von den Söhnen Steiner, die schon damals den Laden
betrieben, die Ida, legendäre Hüttenwirtin auf der Rostocker Hütte, habe
gemeldet, es fehle oben dies und das – ob er das hochtragen würde. Ja, gewiss.
Die Familie staunte nicht schlecht über den Jungen. *Ich war zwar schon ein-*
mal in Ströden gewesen, aber noch nie nicht an der Rostocker Hütte. Die
Entfernung hatte ich völlig falsch eingeschätzt. Dazu muss man wissen, dass es
damals noch nicht den bequemen Weg gab, sondern einfach einen Steig (orogra-
fisch) *linksseits des Baches. Als ich, schon bei Dunkelheit, in die Nähe der Hütte*
kam und links über mir die Sturmlampe über der Hüttentür erkannte, war

Winterträger unter der Rostocker Hütte um 1955

immer noch der Bach zwischen mir und der Hütte. Keine Chance, ihn zu überqueren. Eine lange Weile verzweifelter Suche, bis sich im weichen Boden nahe dem Bach ein Fußabdruck zeigte, der den Weg zum Steig über den Bach wies.

Jedesmal, wenn man oben war, schwor man sich, – nie wieder! Wenn aber die Suppe auf dem Tisch stand, das Geld gezahlt war und man ausgeruht hatte, dann sah die Welt schon wieder anders aus und der Schwur gegen das Tragen war vergessen.

Die Neue Reichenberger Hütte liegt am Rande eines der schönsten Kare in der Lasörlinggruppe auf gut 2500 m Höhe wenige Schritte von einem See entfernt. Wenn andere Hüttenwirte schon daran denken, die Sommersaison zu eröffnen, ist hier oft noch tiefer Winter. Vor dem 20. Juni kann die Hütte kaum je geöffnet werden. Noch in den 50er Jahren wurde die Hütte von St. Jakob im Defereggen aus bewirtschaftet, später von Prägraten aus. Im Jahr 1976 übernahm Gotthard Bstieler die Hüttenpacht.

Soweit ich zur Reichenberger Hütte auf dem Rücken getragen habe, war dies häufig ein Wettlauf mit der Zeit, oder besser – mit den Gästen. Abends bin ich häufig zu spät weggekommen, weil noch die Tagesgäste, die in der Ökonomie der Hütte eine wichtige Rolle spielen, zu versorgen waren. Unten im Tal war mitunter bereits Geschäftsschluss, ein Teil der Lebensmittel musste noch am nächsten Morgen besorgt werden. Dann mit dem schweren Rucksack auf dem Weg durchs Großbachtal die Gäste überholen, an die der Inhalt verkauft werden soll.

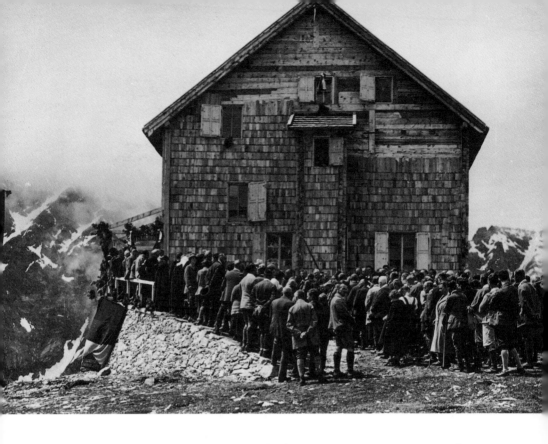

Bei der Feier zur Eröffnung der Neuen Reichenberger Hütte im Sommer 1926. In der Mitte (sich zum Fotografen umdrehend) Rudolf Kauschka, der den Hüttenplatz fand und die Hütte mit begründete.

Er hatte die letzten zwei Jahre einen Haflinger, den er von St. Jakob aus einsetzte. Später, Anfang der 80er Jahre, ist man zur Hinteren Trojeralm mit dem Fahrzeug gelangt, weiter hinauf bis zur Hinteren Durfeldalm Mitte der 80er Jahre.

Das Maß aller Dinge oben ist das Bier. Mehr als zwei Fässer und ein wenig zusätzliche Last hat man mit dem Pferd nicht hochgebracht. An guten Tagen hat man aber drei Fässer gebraucht. Also hat man die Grundversorgung im Frühjahr mit dem Hubschrauber gemacht, ca. zwei Drittel vom Bier, und konnte dann ohne Druck nachholen, wenn es nötig war.

Die Einheimischen sprechen den Namen von Tragseil aus, dass er wie „Traxl" klingt. Er gehört zu den Trägern der älteren Generation, die Legende wurden. Josef Tragseil, Jahrgang etwa 1902/3, Waisenkind aus Südtirol, war

Materialtransport im Umbaltal für den Bau der Neuen Essener Hütte

Josef Tragseil vor seinem Haus in Prägraten

Gelegenheitsarbeiter, Träger, später, noch in den 50er Jahren, Arbeiter beim Landesstraßenbau. Er war ein Mann von untersetzter Gestalt und mit außerordentlichen Kräften. Er hat in den 30er Jahren den 124 kg schweren Herd – oder wog er 140 Kilo? – aufs erweiterte Defreggerhaus hinaufgetragen. Das war ein Unternehmen von drei Tagen. Auch beim Neubau der Neuen Essener Hütte im hinteren Umbaltal hat er getragen. Zum Beispiel den neun Meter langen Firstbaum mit 130 kg. In Hinterbichl hat er angefangen zu tragen. Beim Weg durch das Umbaltal, den er nehmen musste, darf man nicht an die fahrwegbreite Touristenschneise denken, welche heute an den berühmten Umbalfällen hinaufführt. Es gab lediglich einen schmalen Steig. Angekommen im hinteren Umbaltal, musste Tragseil noch etwa 500 Höhenmeter bis zum Bauplatz in steilstem Gelände überwinden. Als ihm das ständige Wenden und Gegensteuern mit dem schweren Balken in den Kurven zu mühsam wurde, trug er, so wird erzählt, den Baum schließlich senkrecht den steilen Hang hinauf. Der Lohn für diese Arbeit soll dem Gegenwert von zwei Hemden entsprochen haben.

Der Bergführer Alois Berger erinnert sich aus den 50er Jahren an gemeinsame Arbeit mit Tragseil am Fahrweg zur Lasnitzenalm. Tragseil sei ein lustiger Zeitgenosse gewesen, der ihnen als damals jungen Burschen die Zeit mit Späßen und Geschichtenerzählen verkürzte.

Die Frau des Tragseil hieß Deopista, genannt Piste. Sehr alt ist er nicht geworden, der Josef Tragseil. Als sie ihn zu Grabe trugen, ging auch eine geistliche Schwester mit. Die hat, zur Witwe gewandt, die üblichen Beileidsworte gesprochen: *Auch so schnell der Mann gestorben.* Da sagt die Piste: *Ach, der ist gut hinüber.* So ist er, wie er ohne Anhang von jenseits der Berge kam, auch ohne Anhang wieder davongegangen.

Von Ludwig Brugger, der den alten Philipp Reuter zum Geburtstag auf die Neue Essener Hütte hinauftrug, haben wir noch Zeugnis von seiner Frau Maria, geborene Mariacher, und aus Berichten von denjenigen aus dem Tal,

Ludwig Brugger mit Maria Brugger in der Küche der Neuen Essener Hütte

58

Ludwig Brugger vor der Clarahütte, wohl auf dem Weiterweg zur Neuen Essener Hütte. Es heißt, er ließ sich nicht gern fotografieren.

die ihn noch gekannt haben. Er ist mit 75 Jahren und sieben Tagen im Jahr 1975 gestorben. Er, der Jahrzehnte seines Lebens mit dem Tragen schwerster Lasten in schwierigstem Gelände verbrachte, starb an den Folgen eines Sturzes an einer Gehsteigkante. Er zog sich einen komplizierten Oberschenkelhalsbruch zu und in weiterer Folge eine Lungenentzündung.

Ludwig habe mitunter 70, 80 Kilo auf der Kraxe gehabt. Bis Ströden hat er die Last mit dem Rad transportiert, von da aus musste er sie tragen. Er brauchte bis zur Neuen Essener Hütte hinauf etwa 7 bis 8 Stunden.

Das war a wilder, a wilder Schinder, sagen die Leute über ihn anerkennend, oder: W*ieviel hat er so aufergschundn,* und *Zu güt ist es ihm nichts gewesen* (sinngemäß: Gut ist es ihm nicht gegangen).

Ludwig Brugger führte lange Zeit die Clarahütte, bis diese aufgegeben und nur noch als *Mullstall* verwendet wurde. Bevor er Wirt der Neuen Essener Hütte wurde, hatte er diese einige Jahre als Träger versorgt.

Linke Seite oben:

Der Bruder von Ferdl Berger mit seinem Tragtier in Prägraten

Rechts:

Ludwig Brugger mit Kopfkraxe, Gast und Ziege

Linke Seite unten:

Kraxenträger mit Touristen im Umbaltal kurz vor der Clarahütte

Ludwig und Maria Mariacher, seine spätere Frau, waren schon zehn Jahre zusammen, bevor sie geheiratet haben. Ihr Bruder war nämlich unverheiratet und sie wollte auch die Mutter nicht allein lassen. So hat sie zu Hause die Wirtschaft geführt und ist lange ohne Mann geblieben.

Sie war zwanzig Sommer Sennerin auf der Maureralm im hinteren Maurertal unterhalb der Rostocker Hütte. Sie hatte von elf Bauern die Kühe. *Einmal waren es 84 Käse. Wenn die Bauern sie nicht rechtzeitig abholen kommen, dann kommen sie von allein ins Tal. Da musste man alle Tage nach-*

Noch in den 50er Jahren bewältigten die Säumer den steilen Hang unter der Neuen Essener Hütte mit dem Tragtier

schauen. Kennengelernt hat sie den Brugger, da dieser auf dem Weg zur Rostocker Hütte bei ihr vorbeikam. Er hat bei der Alm hereingeschaut, um Butter zu kaufen.

Für Ludwig Brugger war der Weg zur Bewirtschaftung der Neuen Essener Hütte dadurch vorgezeichnet, dass seine unverheiratete Tante Marianne Hüttenwirtin war. Ludwig brachte die Moidl Mariacher auf die Hütte. Die beiden Frauen haben sich wohl von vornherein nicht verstanden. Die junge hat der älteren, erfahrenen Hüttenwirtin offenbar nichts recht machen können. Über alles und über jeden, so die Moidl, habe sie zu schimpfen gehabt. Lassen wir dahingestellt, ob es so oder anders war. Jedenfalls wurde die Marianne im Winter krank und kam bis zu ihrem Tod nicht mehr herauf auf die Hütte. Der Weg war frei für Maria als Hüttenwirtin mit ihrem Ludwig. Sie war zehn Jahre auf der Neuen Essener Hütte und vier Jahre auf der Clarahütte. Auf die Frage, ob auch sie getragen habe, antwortete Maria Brugger: *Mich hat der Ludwig nie tragen lassen.* Etliche andere Frauen waren als Trägerinnen im Tal bekannt. Die Nanne (Anna), die auf dem Hof vor Ströden links unter dem Weg wohnte, hat getragen, gewiss auch auf die erste Essener Hütte. Von ihr wird erzählt, sie habe in die Schürze, die nie gewaschen war, gemolken. Die Schürze bildete eine Rinne, durch welche die Milch in den Holzeimer floss. Die Frau von Hermann Steiner trug Zement für den Bau des Defreggerhauses. Irgendwer überlieferte, sie habe den Zement in der Schürze getragen. Andere halten das für schier unmöglich.

Gotthard Bstieler erzählt, seine Großmutter habe in den 20er Jahren getragen, z. B. beim Bau des Defreggerhauses. *Sie war im fünften Monat schwanger, als sie einmal einen Kalksack hinaufzutragen hatte. Etwa auf der Hälfte des Weges zwischen Johannishütte und Defreggerhaus, ungefähr am Wallischen Stein, wurde ihr der Sack zu schwer und sie setzte ihn ab, teilte ihn in zwei Hälften, trug zunächst die eine Hälfte hinauf. Dann musste sie noch einmal zurück, um die zweite Hälfte hinaufzutragen und das ganze Geld zu bekommen.*

Tragen für einen Sonntagshut

Hütten, Pächter, Trägerlöhne

Englische Tee companies hatten ihre Niederlassungen in Indien und China, lange bevor die erste Berghütte des Deutschen und Oesterreichischen Alpenvereins errichtet wurde. Unternehmensdependancen im fremden Land folgten mitunter den Missionsstationen der christlichen Kirchen. Wurden die einen oder die anderen nicht freundlich aufgenommen, war eine Militärbasis bald eingerichtet. Kaum ein Bergtourist wird diesen naheliegenden Vergleich ziehen, wenn er in Tirol auf einer „Essener Hütte" rastet.

Eine Schutzhütte ist Eigentum der Sektion des Vereins, die sie errichtet hat. Im Grundsatz wird sie von der Sektion aus verwaltet, egal ob diese in Wien oder in Essen ansässig ist. Die Finanzierung und Durchführung von Baumaßnahmen obliegt der ausländischen Sektion, so wie die Einnahmen aus den Hüttenübernachtungen an diese abgeführt werden. Die Hütten sind ursprünglich und in erster Linie Schutzhütten für die Vereinsmitglieder, hier zum Schutz vor der menschenfeindlichen Wildnis der Berge. Selbst die Bezeichnung „Stützpunkt" für große Bergfahrten bewahrt den militärischen Anklang.

Allerdings kann eine Schutzhütte ebensowenig ohne eine gewisse Verankerung in der Bevölkerung der Bergtäler auskommen, wie eine Mission ohne einheimische Gläubige. Die Gewähr dafür bietet ein in der Regel aus dem Tal bestellter Hüttenwirt. Er lebt, solange die Hütte geöffnet ist, mehr oder weniger von den Einnahmen aus dem Verkauf von Essen und Getränken. Er muss sich mit dem ihn kontrollierenden Hüttenwart der Sektion gutstellen, der beispielsweise Beschwerden der die Hütte besuchenden Sektionsmitglieder nachgeht, wie andererseits sein Erfolg allein von dem Ansehen abhängt, das er bei den Leuten im Tal genießt.

Die unvermeidlichen Interessengegensätze zwischen ausländischer Sektion, Hüttenpächter, Touristen und einheimischen Anrainern oder Nutzern der Hütte treffen in der Person des Pächters aufeinander. Seit den Anfangsjahren der Alpenvereinshütten gibt es immer wieder Streit zwischen AV-Mitgliedern, die „ihre" Hütte beanpruchen, und Touristen oder Einheimischen, die sie ebenfalls nutzen; zwischen asketischen AV-Bergsteigern, die auf der Hütte nur ein Lager und heißes Wasser erwarten, und Touristen, die

Trägerrechnung

ein Restaurantessen wollen sowie Hüttenwirten, die von einem solchen leben wollen; zwischen sparsamen Sektionen und auf eine komfortable Hütte bedachten Pächtern.

Im oberen Iseltal kommen zu diesen für alle Alpenvereinshütten geltenden Bedingungen besondere Verhältnisse hinzu, die mit der politischen Geschichte zusammenhängen. Das Ödland oberhalb der Almen, wo die Hütten in der Regel stehen, wurde im Venedigergebiet von der Bergwerksgesellschaft *Österreichische Alpine Montan*, speziell der Montanuniversität Leoben, für den Staat verwaltet. Im Jahr 1938, nach dem sogenannten „Anschluss" Österreichs an das Deutsche Reich, kaufte die Regierung Hitler das Gelände um 15.000,– Reichsmark vom österreichischen Staat, den es eigentlich gar nicht mehr gab, um es in den Besitz des Deutschen Alpenvereins zu übertragen. Die Hütten wurden beschlagnahmt und ebenfalls dem Deutschen Alpenverein einverleibt.

Im Jahre 1945 wurde der Österreichische Alpenverein neu gegründet und beauftragt, das Vermögen der deutschen Sektionen zu verwalten, bis Mitte der 50er Jahre alle Vereine ihr Vermögen zurückbekamen. Das alpine Gelände behielt der Österreichische Alpenverein. So kommt es, dass der Alpenverein in diesem Tal nicht nur als Alpenverein, sondern zugleich als Großgrundbesitzer auftritt.[7]

Die Hütten des Alpenvereins liegen allerdings wie Inseln in einem Meer anders gelagerter Eigentums- und Besitzverhältnisse. Besonders wichtig für die Schutzhütten ist die Frage, wer das Wegerecht auf dem Zugang zur Hütte innehat. Ohne guten Zugang keine Gäste, keine geregelte Versorgung der Hütte. In jedem Frühjahr stellt sich die Aufgabe, Lawinenschäden an den Wegen zu beseitigen. Wer ist dafür zuständig?

Die Wege führen in aller Regel durch die Almregion, die seit altersher von verschiedenen Interessenten genutzt wird. Ein Weg führt in seinem Verlauf vom Tal bis zur Schutzhütte nicht selten über ein Gelände, auf dem verschiedene Besitz- und Nutzungsrechte liegen. So müssen sich die Eigentümer der Essener-Rostocker Hütte immer schon mit den Bauern aus Obermauern über den Weg von Ströden herauf einigen. Die Sektion Oberland überlegte lange, wie sie den Zugang zur Johannishütte, der in besonderem Maße durch Lawinen gefährdet ist, verbessern könnte. Die ehemalige Prager Sektion, die von ihren reichen Finanzierungsquellen der Vorkriegszeit abgeschnitten war, hätte die Kosten für eine Verbesserung des Zugangs zur Hütte allein nicht tragen können. Im unteren Teil des Weges war ihr das Interesse der Stuttgarter Firma Lauster zur Hilfe gekommen, die den Edelserpentin mit schweren Lastwagen aus dem Steinbruch abtransportierte. Als schließlich 1973 im Dorfertal eine Weggenossenschaft der bäuerlichen Interessentschaft gegründet wurde, hatten die Eigentümer der Johannishütte die Gelegenheit, wie der ÖTK mit seinem Defreggerhaus, durch Beitritt zur und Beteiligung an der Weggemeinschaft den Steig auch im oberen Teil durch eine solide Almstraße zu erweitern.

Um diese komplizierten Verhältnisse muss man wissen, will man die Stellung der Hüttenträger verstehen. Zwar sind sie letztlich Diener fremder Herren, unmittelbar jedoch werden sie von den Hüttenpächtern eingestellt und entlohnt. Hüttenwirt oder Pächter ist immer noch ein begehrter Job. Das galt zumal unmittelbar nach dem Zweiten Weltkrieg, als es kaum bezahlte Arbeit gab und als noch unklar war, was aus den Hütten werden würde. Mancher Hüttenwirt aus der Vorkriegszeit galt als durch Mitgliedschaft in der NSDAP „belastet" und musste die Arbeit zumindest vorübergehend aufgeben. Gerade um diese Posten gab es nicht selten eine regelrechte Konkurrenz unter den einheimischen Kandidaten.

Bis heute liefert die Frage, wer eine vakante Hüttenpacht übernimmt, unbedingt Gesprächsstoff im Tal. Einzelne Sektionen des Deutschen Alpenvereins können sich einfach nicht dazu verstehen, wie es üblich und sinnvoll ist, die Hüttenpacht im Tal zu vergeben. Wehe aber dem „Flachlandtiroler", der sich, gedrängt von seinen Sektionsoberen, auf eine Mission in einem einsamen Bergtal einlässt, aber nicht einmal die Wege und Schliche kennt, um die Hütte optimal zu versorgen und die Gäste für ihre Touren zu beraten! Umgekehrt ist ein guter Hüttenwirt eine anerkannte Persönlichkeit im Tal, die nicht nur oben in den Bergen ein Wort mitzureden hat.

Ist der Pächter auch abhängig von der Sektion, so erwirbt er sich durch seine Bekanntschaft mit den örtlichen Verhältnissen und durch seinen Rückhalt im Tal auch gegenüber seinen „Vorgesetzten" gewisse Autorität und Zuständigkeit. So übt der Pächter nicht selten Einfluss darauf aus, wer beim Ausscheiden sein Nachfolger oder seine Nachfolgerin wird.

Was die Träger angeht, so hatten gewiss die „festangestellten" Träger eine andere Position in der Hütte als die von Fall zu Fall angeheuerten. Einerseits gehörten sie zum Personal und hatten für einen Sommer ein Auskommen; andererseits waren sie auch für einen größeren Bereich von Tätigkeiten zuständig. Das Quasi-Angestelltenverhältnis führte auch dazu, so Andreas Egger, dass sie haben gehen müssen, wenn den Gästen irgendetwas fehlte. *Wenn z.B. ein Gast in Not war, sich wehgetan hatte, dann habe ich müssen helfen. Denn ich war automatisch der erste, der dazukam.*

Von derartigen Verpflichtungen waren die gelegentlichen Träger selbstverständlich frei. Auch der Tagesablauf unterschied sich bei den Festangestellten von dem der kurzfristig Engagierten. Egger hat immer auf der Hütte geschlafen und ist in der Frühe von der Hütte weggegangen nach Obermauern oder nach Virgen, wenn von da etwas zu tragen war. Am Nachmittag etwa um zwei Uhr ist er wieder auf die Hütte gekommen.

Die fest engagierten Träger waren häufig zugleich Wegebauer. Diese Arbeit wurde extra entgolten. So baute Andreas Egger den Weg von der Bonn-Matreier Hütte zum Rauchkofel, sein ältester Sohn machte den Weg zur Galtenscharte, den der Vater immer wieder ausbesserte, Vater und Sohn bauten im Jahr 1959 den Aufstiegsweg auf den Sailkopf händisch. *Man ist den Weg begangen und hat festgelegt, so und so soll er gehen. Und dann hat man eine*

Gepäcktragen für Gäste auf die Bonn-Matreier Hütte (die Mutter von Alois Berger und seine Schwester Lene mit einer Touristin)

Vereinbarung gemacht und einen Lohn ausgesprochen, Akkord sagen wir. Ausbezahlt wurde nach der Arbeit.

Schon in den dreißiger Jahren konnte sich eine Hütte immer nur einen Träger leisten, für mehrere hätte das, was eine Hütte erwirtschaftete, nicht ausgereicht. Nach dem Zweiten Weltkrieg ist die Zeit der festangestellten Träger vorbei.

Die Träger sind, im Unterschied zu den Pächtern, dem Alpenverein oder anderen auswärtigen Eigentümern der Hütten nicht direkt unterstellt. Sie werden vom Pächter und nicht vom Eigentümer der Hütte engagiert, der lediglich bei Zahlungen für besondere Aufträge einsteht, welche dann für die Buchhaltung des Pächters nur durchlaufende Posten sind.

Und doch stehen die Träger als Einheimische in einem indirekten Dienstverhältnis zu den Hütteneigentümern, zu deren Unternehmen sie durch ihre Arbeit beitragen. Forderungen, so es welche gibt, sind an den Hüttenwirt zu richten. Doch soweit dieser in seinem Wirtschaften von den Bedingungen abhängt, welche die zuständige Sektion des Alpenvereins setzt, hängt auch der Träger in seiner Arbeit vom Eigentümer ab.

Die Bonn-Matreier Hütte im Sommer der Eröffnung 1932. Unter der Terrasse ist deutlich der Eingang zum Stall zu sehen (Fotoabzug von einer Glasplatte)

Zu Beginn der „Alpeneroberung", lange vor jeder Art von Massentourismus, sind die Hüttenmäzene die Herrschaften, Adlige oder Großbürger, welche Finanziers und Nutzer der Hütten zugleich sind, Eigentümer und Ehren-Gäste. Diese Bedeutung reicht, auch unter gänzlich anderen gesellschaftlichen Rahmenbedingungen, noch in die heutige Zeit hinein.

Wenn Andreas Egger als Träger der Bonn-Matreier Hütte mit einer Last oben ankam, so gehörte sein Pferd in den Stall unter der Terrasse. Er selbst nahm sein Mahl, das zur Entlohnung gehörte, selbstverständlich in der Küche beim übrigen Personal ein. Waren „Offizielle" vom DAV auf der Hütte, erzählt er, *so haben diese zunächst zusammengesessen und gegessen, dann haben sie ihn mitunter dazugeladen und man hat etwas getrunken und sich ausgesprochen. Das waren nette Abende.*

Die Hütten lagen allesamt in einem Niedriglohnland. So sehr sich das obere Iseltal in seiner Abgeschiedenheit und wirtschaftlichen Rückständigkeit von anderen Alpenregionen unterschied, scheinen die Lohnverhältnisse der Träger doch vergleichbar gewesen zu sein. Auf der Bettelwurfhütte im Karwendel wurden in den 60er Jahren 50 Groschen bis 1 Schilling pro getragenem Kilogramm zuzüglich Verpflegung gezahlt. Auf der Domhütte im Wallis steigerte sich das Entgelt von den späten 40er bis Mitte der 50er Jahre bis auf 90 Rappen das Kilogramm, wobei für einen Vergleich die geringere Inlandskaufkraft des Schweizer Franken schon zu jener Zeit berücksichtigt werden muss.

Alois Unterwurzacher hat vor dem Zweiten Weltkrieg aufs Defreggerhaus von Montag bis Samstag getragen. Jedesmal, so erzählte er, 70, 72, 73 Kilo, mal 69 Kilo, das war sein Gewicht. Die jüngeren Geschwister, noch Schulkinder, haben gemeinsam auch um die 70 Kilo hinaufgebracht. So hatten sie zusammen am Tag 140, 150 Kilo auf die Defreggerhütte gebracht. Gezahlt wurden damals 18 Groschen das Kilo.

War das nicht selbst damals sehr wenig?

Es war die einzige Verdienstmöglichkeit, es gab keine andere Verdienstmöglichkeit, in keiner Weise.

Was brachten die Männer von den paar verdienten Schillingen wohl wieder mit herunter, wenn sie sich nach den Mühen auf der Hütte zuerst einmal zum Bier niedersetzten?

Grundsätzlich ist zwischen der saisonalen Entlohnung der fest angestellten Träger und dem Lohn der von Fall zu Fall angeheuerten Träger zu unterscheiden. Egger wurde als Hüttenträger der Bonn-Matreier Hütte, was die laufende Versorgung der Hütte anging, nicht nach Gewicht, sondern für den ganzen Sommer bezahlt. Der ging für gewöhnlich vom 20. Juni bis zum Matthäustag (21. September).

Die Entlohnung betrug beispielsweise im Sommer 1935 300 Schilling bei freier Verpflegung, im Sommer 1937 500 Schilling plus Kost und Logis. Ein Matrazenlager kostete damals vergleichsweise 1,20 Schilling, ein Bett 4,-.

Besondere Gänge wurden auch gesondert entlohnt. Dem Andreas Egger haben sie für den Herd, den er hochgetragen hat, drei Monate die Krankenkasse gezahlt. Ihm schien das wenig.

Nein, Streit um die Bezahlung hat es nie gegeben. Wenn man nicht zufrieden war, dann hat man gesagt — entweder du musst mehr zahlen oder ich bleib daheim. Und dann hat er sich was überlegt…

Seine Frau war in der Küche der Bonn-Matreier Hütte. Sie hat (wohl nach 1938) 50 Mark im Monat bekommen.

Hermann Steiner, hier mit seiner Frau, einem Sohn und dem Enkel Anton Steiner, hatte eine kleine Landwirtschaft in Hinterbichl, später arbeitete er als Förster. Mit einem anderen zusammen hat er den Firstbaum auf das erweiterte Defreggerhaus hinaufgetragen.

Von einem Lohn im modernen Sinne eines Lohnes für die Arbeitskraft kann für die Träger kaum gesprochen werden. Gewiss gab es Unterschiede in der Bezahlung, abhängig etwa von der Finanzkraft der alpinen Vereine. Der ÖTK aus Wien hat auf dem Defreggerhaus immer besser gezahlt als die anderen Hütten. Doch eine echte Lohnkonkurrenz kam kaum auf. Schließlich gab es keine Marktbedingungen, unter denen sich eine Ausgleichsbewegung zwischen Angebot und Nachfrage hätte abspielen können. Dafür fehlten die geographischen und die wirtschaftlichen Bedingungen der Mobilität. Selbst vor dem Ersten Weltkrieg, als die von den alpinen Vereinen gezahlten Trägerlöhne über der Entlohnung in der Landwirtschaft gelegen haben mögen, kann für dieses Tal gewiss nicht davon gesprochen werden, dass die Trägerei die Preise für landwirtschaftliche Arbeitskraft „verdorben" hätte. Dafür waren einerseits die Gelegenheiten zum Zuverdienst durch das Tragen zu rar, und andererseits waren nur wenige Bauern in der Lage, über den Kreis ihrer Familie hinaus fremde Arbeitskraft in Dienst zu nehmen. In den 30er Jahren jedenfalls, als ein unqualifizierter Landarbeiter um die 50 Schilling, ein qualifizierter 90 bis 100 Schilling verdiente, bewegten sich die Trägerlöhne vergleichsweise am unteren Rand der Lohnskala für landwirtschaftliche Arbeit.

Auf der Seite der Träger gab es sehr wohl eine Konkurrenz, es kam derjenige zum Tragen, der am wenigsten verlangte. Arbeit für Geld war rar, ein Hüttenpächter hätte aber auch während der Saison nicht so leicht einen anderen festen Träger gefunden. So ähnelt der Trägerlohn eher dem Verdienst, einem Entgelt für besondere Dienste, als dem Lohn des Fabrikarbeiters oder des Büroangestellten. Ein regelrechter Lebensunterhalt, schon gar für eine Familie, lässt sich von der Trägerei nicht bestreiten. Sie liefert eher ein Zubrot. Von einem Matreier Träger aus der Inflationszeit 1923 heißt es, er habe schließlich mit dem täglichen Tragen nurmehr soviel verdient, dass er sich davon einen Sonntagshut hat kaufen können.

Wie in jedem Pachtverhältnis stellt der Pachtzins einen Streitpunkt dar, was selbst in der moderaten Sprache des Hüttenwirts der Johannishütte in den 50er und 60er Jahren, Ferdinand Berger, genannt Ferdl, in einem Brief vom 21. September 1958 an die Sektion Prag des DAV unmissverständlich durchklingt: „… es ist sehr viel dass die Sektion von dem Reingewinn 5,25% von dem Pächter abverlangt. Wenn alle Pächter einverstanden sind mit diesem von Ihnen ausgearbeiteten Pachtvertrag, so werde ich allein auch keine Ausnahme machen können."

Da die Trägerlöhne vom Reingewinn des Pächters abgehen, wird dieser für gewöhnlich Druck auf die Höhe der Löhne ausüben. Alois Berger erzählt, es habe Trägerstreiks gegeben.[8] *Wir haben einmal im Winter getragen, da haben sie 50 Groschen das Kilo gezahlt. Da habe ich sie alle zusammengerottet, und wir haben gesagt, der Wirt müsse einen Schilling zahlen. Dann gab es einen Mordsstreit mit dem Wirt, und schließlich hat er einen Schilling gezahlt. Ich bin dann als Aufrührer bezeichnet worden, aber es ist dann wieder gegangen.*

Mit der Unsicherheit über den gerechten Trägerlohn ging die ständige Möglichkeit des Betrugs von beiden Seiten einher. Bei den Abrechnungen, so wird erzählt, habe es immer wieder Betrügereien gegeben. Beim Hüttenbau, so Berger, hätten sie dann gesagt, *so und so viel Sack Zement,* dabei wäre das gar nicht gegangen, z. B. beim Bau der Neuen Essener Hütte im hinteren Umbaltal. *Den Zement hätten sie ja von Lienz vom Bahnhof mit Fuhrwerken hereinfahren müssen. Also haben sie Kalk genommen. Und als die Essener Hütte 1958 zerstört war, hat man wohl gesehen an den Mauerwerken, dass innen nur hohl war.*

Beim Zubau für das Defreggerhaus, ausgeführt vom Baumeister Raneburger aus Matrei, der auch die Bonner Hütte gebaut hat, sei es, so Unterwurzacher, bei der Entlohnung sehr genau zugegangen. *Alles wurde oben gewogen, eine riesengroße Waage. Der Polier oben hat das aufgeschrieben und das ist dann ausgezahlt worden. Da hat nichts gefehlt.* Das Geld wurde wöchentlich ausgezahlt. Es wird jedoch ebenso erzählt, dass die Balkenträger beim Bau der Hütte ihre Last kurz vor dem Ziel in die Schmelzwasserlacke beim Wallischen Stein geworfen hätten, damit das Holz beim Polier ein anständiges Gewicht auf die Waage bringen sollte.

Natürlich folgten die Trägerlöhne mit gewissem Abstand der allgemeinen Wirtschaftsentwicklung nach dem Zweiten Weltkrieg. Gotthard Bstieler berichtet, in den frühen 60er Jahren hätten sie als Jungen 2,50 Schilling pro Kilogramm bekommen. Am Tag haben sie wohl an die 100 Schilling machen können. Das hinaufgetragene Essen wurde vom Pächter oben mit der Balkenwaage gewogen. Es kam auch schon einmal vor, dass einer der Gäste, die von der Rostocker Hütte aus im Frühjahr Skitouren gehen wollten, den schweren Rucksack nicht selbst tragen wollte. Da wurden auch sechs bis sieben Schillinge pro Kilogramm gezahlt.

In einem Kassenbericht der Johannishütte aus dem Jahr 1976 werden 380,- Schilling Trägerlöhne (Geschirr und dergleichen) aufgeführt. Im selben Jahr mussten 1100,- Schilling, 27 1/2 Stunden à 40,-, für Lawinenräumung ausgegeben werden.

Trägerinnen und Träger hätten, wird gesagt, den gleichen Lohn erhalten.

Seit den 60er Jahren wurde es immer schwerer, Träger zu bezahlbaren Löhnen zu bekommen. Ferdl Berger notiert am 20. Mai 1967, es seien keine Träger aufzutreiben, und im Jahr 1975, als bereits der Hubschrauber für eine Grundversorgung eingesetzt wurde, während bis zum 25. Juli auf dem Boden wegen Schnee alles auf dem Rücken getragen werden musste, schreibt er an die Sektion: „Träger sind absolut keine mehr zu bekommen."

„Kein Groschen im Haus"

Ein Kapitel Tourismusgeschichte

Die Hochzeit des Hüttentragens im Virgental liegt zwischen dem Ersten Weltkrieg und den 60er Jahren. Die zeitlichen Grenzen dieser Periode sind durch den Beginn des Massentourismus in der Zwischenkriegszeit mit entsprechenden Hüttenbauten oder -erweiterungen einerseits, durch Seilbahnbauten und Hubschraubereinsatz andererseits gesetzt.

Für jede Hütte liegen die Konjunkturen des Tragens zeitlich verschieden. Auf der Bonn-Matreier Hütte fand die Trägerei nach dem Zweiten Weltkrieg mit der Materialseilbahn ein Ende. Der ehemalige Träger dieser Hütte, Andreas Egger, hat diese Seilbahn selbst gebaut und seine Arbeit damit überflüssig gemacht. Diese Bahn wurde Anfang der 50er Jahre auch deswegen gebaut, weil Träger zu erschwinglichen Löhnen nicht mehr zu bekommen waren.

Ähnlich lagen die Verhältnisse bei der Essener-Rostocker Hütte und beim Defreggerhaus. Auf andere Hütten, so auf die Johannishütte und auf die Neue Reichenberger Hütte, wurde noch in den 70er Jahren getragen, teils auch mit dem Tragtier. Die Trägerei bleibt bis heute der Ernstfall des Hüttentransports, wenn die Maschinen kaputt und die anderen Wege abgeschnitten sind. So mussten im Sommer 1975 für zehn Tage die Lebensmittel auf die Bonn-Matreier Hütte getragen werden, weil an der Seilbahn nach einem Tragseilbruch eine größere Reparatur durchzuführen war. Und nach den Katastrophensommern 1965 und 1966 mussten für mindestens zehn Jahre im oberen Teil des Weges zum Defreggerhaus über der Johannishütte alle Güter auf Menschenrücken getragen werden, weil über den vielen Altschnee auch die Tragtiere nicht hochkamen.

Ferdl Berger schreibt im Jahr 1966 in einem Brief an den Hüttenwart Schwandtner: *„Die Lieferung Trägerlohn hat 1360,- gekostet, da die langen Hölzer und Böden schwer zum Tragen waren [...] habe lange herumgefragt, bis ich endlich jemand gefunden habe, der diese Sachen hinaufträgt, zudem ausnahmsweise im ganzen Sommer über Schnee und schlechten Weg getragen werden musste. Ich bitte dies zu berücksichtigen."*

Und schon im Sommer 1960 heißt es in einem Hüttenbericht von Schwandtner: *„Die ersten Tage mussten alle Lasten auf dem Rücken hinaufge-*

74

tragen werden, bis die Lawinen soweit ausgetreten und ausgeschaufelt waren, um mit 3 Tragtieren die rund 3500 kg Lasten, insbesondere Zement, Rohre, Holz u. Eisenarmaturen hinaufzuschaffen. [...] Die inzwischen im Tal aufgenommene Heumahd führte zur Verknappung der Arbeitskräfte (Träger) [...]. Ich konnte in Hinterbichl, noch vor dem Abtransport durch Träger oder Tragtiere, das Material in Menge und Qualität selbst überprüfen [...]. Auf der Hütte wird jede Last gewichtsmäßig durch Berger nachgewogen und sachlich übernommen."

Wie kam ein Bauer, der sein Leben und Selbstverständnis auf eigenen Grund und Boden gründete, dazu, sich als Träger zu verdingen? Wer diese Frage zu beantworten versucht, stößt unweigerlich auf die Wirtschaftskrise der 30er Jahre des 20. Jahrhunderts. Die Bonn-Matreier Hütte wurde 1929 bis 1932 gebaut. So kam Andreas Egger durch den ersten Wirt dieser Hütte, Andreas Girstmeier, zum Tragen. Verdienstmöglichkeiten gab es sonst nicht. Es war eine schwierige Zeit. In Matrei gab es keine Fabriken oder Betriebe. Auch die Gemeinde, so Egger, habe sich nicht gekümmert, wer einen Groschen verdienen wollte, musste sich selbst kümmern. Sie waren zu Hause sieben Brüder, von denen ein oder zwei auf dem Hof waren, so dass Andreas Egger Gelegenheit zum Zuverdienst hatte.

Gewiss, das Tragen oder Säumen hat auch vor der Entwicklung des Massentourismus eine wichtige Rolle gespielt. Nicht nur dass in der Almwirtschaft immer schon der eigene Rücken das wichtigste Transportmittel war, auch der Handel mit dem äußeren Virgental und mit Matrei bedurfte der Säumerei. Angesichts der besonderen geographischen Verhältnisse des Tales keine ganz einfache Sache. Teilt doch der „Eselsrücken" genannte Bergzug den hinteren Teil des Tales von seinem vorderen, der Sonne und der Außenwelt zugewandten Teil ab.

An der Stelle, wo der Bergriegel ins Tal fällt und dieses einschnürt, stürzte die Isel durch eine enge Schlucht hinab, die für einen fahrbaren Weg wenig Platz ließ. Größere Lasten wurden hier, bevor es die Straße mit ihren Tunnels gab, also vor den 30er Jahren, über Bobojach und Welzelach, kleinere auch über Oberstein und die „Hohe Bank" nach Obermauern und Virgen transportiert.[9]

Das Tal lebte bis in die Jahre nach dem Ersten Weltkrieg, abgesehen von der Landwirtschaft für den Eigenbedarf, mehr oder weniger von zwei Märkten im Jahr, die in Matrei abgehalten wurden. Der Matthiasmarkt fand am 21. September statt. Am Abend des 20. September ist man mit dem Vieh losgefahren. Die Händler sind den Bauern schon entgegengekommen, so dass

Auf diesem Ausschnitt einer alten Karte ist der Säumerpfad zwischen Obermauern und
Bobojach über die „Hohe Bank" deutlich zu erkennen. Die Karte aus dem Jahr 1883,
mit Leinen hinterklebt, haben wir zum ersten Mal im Ferienhäuschen der Familie
Fucke in Prägraten gesehen. Sie war für Bergsteiger bestimmt und lag dem Jahrbuch des
Alpenvereins bei. Die Straße von Virgen nach Prägraten war noch nicht gebaut, einige
Hütten ebenfalls noch nicht, etwa die Bonn-Matreier Hütte. Ihr späterer Standort ist
von uns durch einen schwarzen Kreis markiert.

76

man auch unterwegs handelseinig werden konnte. Über den Sommer haben die Händler, wie Gotthard Bstieler schildert, immer bereits die Almen abgeklappert, um das schönste Vieh auszusuchen. Und wenn ein schönes Stück darunter war, dann hat sich der Handel oft einmal von Prägraten bis Matrei hingezogen und in Matrei war der Handel noch nicht perfekt. Wenn bis zum Abend nicht verkauft worden war, dann war es schon zu spät dafür. Natürlich wurde auch am 21. noch verkauft, aber dann war der Preis entsprechend. Der Markt mit Ständen usw. fand dann immer am 21. September statt.

Der zweite Markt war der Urschenmarkt, der Ursulamarkt am 21. Oktober. An diesen beiden Markttagen musste, im wesentlichen durch Verkauf von Vieh, der Geldjahresbedarf der Familie gedeckt werden. Andere Einnahmequellen gab es so gut wie nicht. Die Trägerei war daher ein Privileg, um den Bargeldbestand der Familie aufzustocken.

Es ist die Zeit nach dem Ersten Weltkrieg, als die Geldwirtschaft längst über die jährlichen Märkte in Matrei hinausgeht und der zuvor weitgehend geschlossene Kreislauf der bergbäuerlichen Produktion für den Eigenbedarf aufgebrochen wird. Die Touristen bringen neue Produkte und neue Bedürfnisse ins Tal, die im Naturaltausch nicht zu befriedigen sind. So wächst die Nachfrage nach Barem und somit nach Verdienstmöglichkeiten. Hinzu kam gewiss, dass der Krieg auch im Virgental seine Wirkung der Zerstörung angestammter sozialer Beziehungen getan hatte: Nicht jeder Heimkehrer fand wieder seinen Platz in Haus und Hof, Fremde kamen ins Tal, von den Kriegsereignissen entwurzelt und quer durchs Land getrieben. So wuchs die Zahl derjenigen, die ihren Lebensunterhalt auf neue Weise bestreiten mussten, weil die Bergbauernwirtschaft sie nicht mehr ernährte.

Der Tourismus, der sich in den Alpen allgemein nach dem Ersten Weltkrieg zu einer ersten Form von Massentourismus entwickelt hatte, setzte in Prägraten verspätet Ende der 20er, Anfang der 30er Jahre ein. Hier kamen jedoch weitere besondere Bedingungen der Tourismusentwicklung hinzu. Wie sich Ältere noch erinnern, spielte dabei der „Direktor Schnitt" eine große Rolle, welcher die Aufenthalte der Wiener Sängerknaben in Hinterbichl organisierte. Durch die weltweite Berühmtheit des Chores kamen Touristen aus aller Welt ins Tal, auch Gräfinnen und solche „von und zu". Viele Bauern fingen an, die Bettenzahlen zu erhöhen, wodurch Bauernhöfe zu Pensionen wurden. Der Olcherhof in Prägraten konnte schließlich etwa 30 Betten anbieten, der Islitzer ebenso viele. Gasthof Post, damals die einzige Gaststätte in Prägraten, investierte und baute aus.

Prägraten mit seinen Feldfluren um die Jahrhundertwende. Das alte, mit Hilfe des Computers rekonstruierte Foto haben wir auf der Lasnitzenalm gefunden.

Auch für die kleineren Bauern in Hinterbichl hat der Direktor Schnitt von den Wiener Sängerknaben eine besondere Rolle gepielt. Alois Unterwurzacher erinnert sich:

Er machte ihnen den Vorschlag: Gebt mir für zehn Jahre die Stube, wo gerade einmal ein Strohsack darin war, ich statte diese auf meine Kosten aus mit zwei Matrazenbetten, einem Waschtisch, einem Eimer, einem Lavor, einem Krug, zwei Gläsern für Zahnputz und nach zehn Jahren gehört alles Euch. Jeder Bauer hat ja gesagt. Keiner brauchte einen Groschen auszugeben. Man hat ja kein Gefühl gehabt, ob das in zwei oder drei oder in zehn Jahren abgezahlt war. Man hatte ja keinen wirtschaftlichen Überblick. So hat er sämtliche Hinterbichler Bauern vereinnahmt.

Mit der Einführung der 1000-Mark-Sperre vor der Saison 1933 sind alle, so

78

Prägraten heute. Es ist nicht ganz derselbe Blick, aber man mag die Entwicklung trotzdem deutlich erkennen.

Unterwurzacher, *auf der Goschen gelegen. Von einem Tag auf den anderen war der Tourismus, welcher sich verstärkt in den 20er Jahren entwickelt hatte, fast auf Null herunter. Prägraten hat es besonders stark erwischt, weil sie gerade in dem nachholenden Start zum Massentourismus waren.*[10] *Von da an war alles willkommen, was überhaupt einen Schilling ins Tal brachte. Im Olcherhof haben sie z.B. eine Gruppe von Schulkindern aus Österreich, aus Wien bekommen. Aber das hat nicht ausgereicht, um die Schulden abzuzahlen.*

Es war damals die Not, kein Groschen im Haus, kein roter Heller, und das monate-, jahrelang. Wenn die Mutter etwas zum Brotbacken brauchte, dann habens ein Germ gebraucht. Die zehn Groschen für den Gerben waren nicht da. Dann ist man mit einem Ei zum Laden gegangen und hat gesagt: Gib mir doch um das Ei Germ, damit wir Brot backen können.

79

In jener Zeit wurde auch die Straße gebaut. Da hat jeder Bauer, nach der Größe und dem Ertrag seines Hofes, leisten müssen.[11] Wenn einer eine Zigarette geraucht hat, das war häufig selbst angesetzter Tabak aus dem Tal. Zum Rauchen ist man weggegangen. Wenn der auf der Baustelle anfing, ein Zeitungspapier zu rollen für die Zigarette, dann haben gleich zehne um ihn gestanden und haben gesagt: Bittschön, einen Zug! Einen Zug! Er hatte nur die Möglichkeit, zu sagen: I geh, – in Wirklichkeit hat er da die Zigarette geraucht. Er hat sichs förmlich derstehlen müssen. So war die Zeit.

Beim Tunnelbau waren viele beschäftigt, die auch getragen haben. Die sind verhältnismäßig früh gestorben durch die Staublunge. Wenn sie nicht gebraucht wurden beim Straßenbau, oder wenn für den Bau einmal vier Wochen kein Geld da war, dann haben die getragen.

Auch die Bauern, die im Sommer einen Hof zu bestellen hatten, haben getragen. Sie sind alle Tragen gegangen. In den Jahren 1933/34 waren bestimmt an die hundert Träger in Prägraten. Ganze Kolonnen.

Eben in diesen Jahren wurde das Defreggerhaus, nach der Erweiterung in den 20er Jahren, nochmals umgebaut. Der Österreichische Touristen-Klub hat den Aufschwung des Tourismus durch die Wiener Sängerknaben gesehen. Der Großvenediger ernährt das Tal, so ist es heute noch zu einem gewissen Anteil und so sollte es damals sein. Hinterbichl, Defreggerhaus, Großvenediger – das war der kürzeste Weg, aber das Defreggerhaus war für den Venedigertourismus zu klein geworden.

Alois Unterwurzacher war damals Anfang zwanzig. Alle Geschwister waren jünger. Sie sind zu fünft, zu sechst Tragen gegangen. Am Wiesenkreuz eingangs des Dorfertals, wo heute ein neuer Grünschiefersteinbruch angelegt ist, wurde Zement abgeladen, Kalk, Bretter, Matrazen, Betten, Kisten und Sessel und Kücheneinrichtung. Von dort weg wurde getragen. Jeder hatte eine Kraxe.

Nach dem Zweiten Weltkrieg wiederholte sich die Geschichte, wenn auch in abgekürzter Form. Die Bewohner des Virgentales waren wiederum weitgehend auf sich gestellt, es dauerte bis weit in die 50er Jahre hinein, bis die Ansätze zum massenhaften Tourismus aus der Zwischenkriegszeit wiederaufgenommen und auf höherem Niveau fortgeführt wurden. Die konfiszierten Hütten der deutschen Sektionen des ehemaligen Deutschen und Oesterreichischen Alpenvereins wurden erst im Jahre 1954 an die Sektionen des neu gegründeten Deutschen Alpenvereins übergeben.[12] Nun erlebte die Trägerei als Einnahmequelle einen erneuten Aufschwung, bis dieser durch die technischen „Aufstiegshilfen" ein Ende fand.

Von Hubschraubern und Ruckbeuteln

Ausblick

Andreas Egger erzählt stolz vom Bau der Materialseilbahn auf die Bonn-Matreier Hütte, womit die Trägerei auf dem Rücken hier ein Ende hatte.

Wer baute die Seilbahn? Kein anderer als der langjährige Hüttenträger. *Das schwierigste war, die Stützen an Ort und Stelle zu bringen und das Seil auszuziehen,* erzählte er. Die Talstation haben sie ein wenig oberhalb der Nilljochhütte. *Und jetzt ist es nicht mehr so schwierig mit dem Hüttentransport,* meinte er zufrieden. Für den Erweiterungsbau der Rostocker zur Essener-Rostocker Hütte wurde die Materialseilbahn vorab gebaut. Das Tragen für den Bau, bis anhin eine wichtige Sparte der Hüttenträgerei, war in diesem Fall von Anbeginn überflüssig geworden.

Der Einsatz eines Fluggeräts kam vor den 70er Jahren nur ausnahmsweise in Betracht. Der Hüttenwart der Johannishütte berichtet von einer Hütteninspektion vom 20. bis 27. 4. 1962: *„Auf der Johannishütte war ausser dem Wirt Berger und seiner Frau, 2 Hilfskräfte (Küchenmädchen) ca. 16 Touristen, die dort über 8 Tage eingeschneit waren. Die Gendarmerie, Bezirksinspektor Retter in Lienz, Bezirkshauptmannschaft hat bestätigt, dass auf der Johannishütte tatsächlich ein Notstand in der Versorgung eingetreten war. Die Versorgung mit 220 kg Lebensmittel musste mit einem Piperflugzeug durch Abwurf erfolgen, da dieses Flugzeug dort nicht landen konnte und die Hubschrauber bei den Katastrophen auf der Nordseite im Krimmlertal und Obersulzbachtal eingesetzt waren. Mir unverständlich war der Abwurf von einer Eierkiste, denn trotz ca. 6 m Altschnee und 2 m Neuschnee-Pulver sind ³/4 (ca. 100 Stück) kaputt oder zumindest gesprungen angekommen. Nun ich habe darüber nicht zu klagen gehabt, denn die Tage gabs lauter Eierspeisen und Eierkuchen u. dgl."*

Der erste Hubschraubereinsatz im Zusammenhang der Hüttenversorgung im Tal datiert aus der ersten Hälfte der 70er Jahre, als die Clarahütte erweitert wurde. Als der Helikopter Ende der 70er Jahre regelmäßig zur Grundversorgung der Hütten im Frühsommer eingesetzt werden sollte, zeigten sich die typischen Anfangsprobleme. Man verschätzte sich bei der Erstversorgung mit Bier, Mehl, Eiern usw. Dann kam die Panik, die Gäste würden etwas bestellen und es wäre nicht auf der Hütte. Rasch den Hubschrauber bestellen, was sich natürlich nicht rechnet. Bald lernten die Hüttenwirte daraus, sich abzusprechen und den Hubschrauber gemeinsam zu bestellen. Der kostet schon, bis er einmal in Prägraten steht, der Transport zur Hütte zusätzlich.

Wenn in den 70er Jahren häufig die Klage geführt wird, es fänden sich keine Träger mehr zu angemessenem Preis, so muss man wissen, dass der Hubschrauber für 4.- Schilling pro Kilogramm fliegt – wer wollte dafür noch auf dem Buckel tragen? Und doch bleibt in vielen Lagen der Alpenhütten, man muss es noch einmal hervorheben, das Tragen auf dem menschlichen Rücken mit Kraxe, Korb oder Rucksack, die extreme Lösung, wenn alle anderen versagen. Was wohl schwindet, das ist die allgemeine Fähigkeit so zu tragen wie die Alten, der große Erfahrungsschatz, der sich in den hier wiedererzählten Geschichten zeigt.

Und schließlich, tragen wir, die Bergtouristen aus den Städten, nicht nach wie vor unser Gepäck mit dem Rucksack über die Berge? Gewiss, wir können uns mit den Trägern, von denen hier erzählt wurde, nicht vergleichen. Das fängt schon dabei an, dass wir beim Aufstieg auf die Essener-Rostocker Hütte zu einer Tourenwoche nach wenigen Schritten gern von dem Angebot Gebrauch machen, gegen einen Obulus die schweren Rucksäcke mit der Materialseilbahn hinauffahren zu lassen. Was für ein befreites Gehen, wenn die Rucksäcke in luftiger Höhe an einem vorbeischweben!

Doch die Geschichte des Tragens auf dem Rücken hat, was unsere Breiten angeht, in den vergangenen zwei Jahrzehnten eine weitere merkwürdige Wendung genommen. Die überall zu beobachtenden Tragegestelle für Kleinkinder bekommt man im Laden unter dem Namen „Kraxe". Und während die letzte Alpen-Trägergeneration des zwanzigsten Jahrhunderts in die Jahre kommt, wandert der Rucksack, ihr letztes Gerät, in die Städte. Was zuerst die grün und alternativ Gesinnten ins städtische Leben einführten, der Rucksack als das praktischere und gesündere, dem Körperbau besser angepasste Gerät, um den Einkauf nach Hause oder die Bücher zur Vorlesung zu tragen, ist längst zum weitverbreiteten und weit ausgefächerten Accessoir der – keineswegs nur jugendlichen – Mode geworden.

Schüler kommen im tiefsten Großstadtdschungel mit dem Rucksack zur Schule, allerdings mit einem Rucksack, der in seinem Seegrasgrün dem Marschrucksack des Rekruten ähnlicher sieht als dem modernen Alpingerät. Abends sieht man auf dem wenig bedeckten Rücken einer in Abendgarderobe zum Konzert eilenden Dame einen winzigen silbernen Rucksack baumeln, der wohl wenig mehr enthalten wird als Lippenstift, Portemonnaie und Taschentücher.

Hubschraubereinsatz zur Versorgung der Johannishütte

Nachdem vieles zum Symbol der Freiheit in der einengenden städtischen Lebensweise geworden ist, mag auch der Rucksack in seinen höchst verschiedenen Ausprägungen nurmehr dafür stehen, dass man/frau jedenfalls die Hände frei hat.

Abgesehen vom Rucksack in seiner Funktion als Symbol der Unabhängigkeit mobilitätssüchtiger Urbanophilen, geschehen durch die Wanderung des Trägerwerkzeugs in die Städte merkwürdige Dinge und Zeichen. Der urbane „Rucksack", der im alpinen Sinne so etwas wie Lasten nie wird halten müssen, bedarf des Stabilität verleihenden Skeletts und der ergonomischen Raffinessen nicht, über welche der Bergsteiger- oder Trekkingrucksack fraglos verfügt. Nun wandert jedoch jener Rucksack, der den Namen Ruckbeutel eher verdient, auf den verschlungenen Pfaden der Outdoor-Sportarten wieder ins Gebirge. So kann es dem verblüfften Wanderer passieren, dass er auf schmalem und kurvigem Steig von einem Biker überholt wird, dessen Rucksack diesen durch sein bloßes Gewicht an seinen langen, nicht verstellbaren Riemen in jeder Kurve fast nach außen aus dem Sattel hebt. Mit dem Thema dieses Buches hat ein solches Gerät, hat diese Art zu tragen jedenfalls nichts mehr zu tun.

Träger und Trägerinnen

Weitere, keineswegs alle Personen, die in Prägraten getragen haben:

Becken, Louis, Matrei, hat Zement per Pferd auf die Rostocker Hütte getragen.

Berger, Leo, Alois Bergers Vater, hat Lasten von gewiss insgesamt zehn Tonnen Gewicht von Hinterbichl auf die Johannishütte getragen, fünf Tonnen aufs Defreggerhaus.

Dorer, Alois, Christian, Sebastian, Hinterbichl; Alois hat getragen, alle waren viel in den Bergen.

Forstler, Peter, Kleinbauer in Forstlach, sehr guter Kenner des Gebiets: Umbal-, Daber-, Klein- und Großbachtal

Grießacher, Jakob, gen. Hoarcher Jagg, ein Hühne von Gestalt

Kratzer, Simon, gen. Simmbl, Oberfeld, taub

Leitner, Polykarp und Hypolit, Bergführer

Leo, Josl „Oantatzel", einarmig, Vater des Josef Leo, Bichl (stammt aus Obermauern)

Mariacher, Andreas, Bergführer, Vater der Ida Steiner, Obmann der damaligen Bergführer

Schlatner, Ander, Steinklauber

Steiner, Hermann, Großvater von Anton Steiner, letzterer heute Geschäftsführer im Defregger Hof, St.Veit

Steiner, Hermine, geb.Kratzer, Untermeierhof bzw. Untermorfa; sie und Kornelia (Nelle) Steiner strickten während des Tragens Socken, um die Zeit besser zu nutzen.

Steiner, Samuel, Obergasser, betreute die Landesstraßen und trug in der Freizeit (Samstag und Sonntag) große Lasten auf die Hütten.

Steiner, Ursula, eine Tante der Erna Weiskopf, geb. Steiner

Taxer, Brüder, haben größere Stücke aufs Defreggerhaus hinaufgetragen, z. B. den Dachfirstbalken. Sie gehörten zu denjenigen, so heißt es, die unter 100 Kilo nie gegangen sind.

Tragseil, Josef, genannt Traxl, von kleinem, aber kernigem Wuchs, war wohl einer der stärksten Träger.

Die Hütten

Die Johannishütte

ist die älteste im Tal, erbaut im Jahre 1857 auf Anregung des Prof. Simony vom „Steinklauber" Barthel Steiner aus Prägraten, finanziert vom Namenspatron Erzherzog Johann. Steiner, der zusammen mit Pater Valtiner, Kaplan in Prägraten, die erste Südbesteigung des Großvenedigers durchführte, soll sie später vernachlässigt haben, so dass der Zentralausschuss des Deutschen Alpenvereins, Wien sie 1870 kaufte. Ab 1876 gehörte sie der finanzkräftigen Prager Sektion.

Die Hütte liegt im Dorfertal über Hinterbichl in ca. 2100 m Höhe. Sie bildet die natürliche Zwischenstation auf dem Weg von Prägraten/Hinterbichl zum Defreggerhaus und auf den Großvenediger.

Die Clarahütte

wurde vom Prager Weinhändlerehepaar Prokop und Clara Edle von Ratzenbeck finanziert und vom Prägratner Schmied und Baumeister Balthasar Ploner erbaut und im Jahr 1872 fertiggestellt. Im Jahr 1914 wurde das Dach der Hütte durch eine Lawine zerstört, nach dem Krieg war die Hütte völlig ausgeraubt. Im Jahr 1920 fiel das Hüttendach wiederum der Lawine zum Opfer, woraufhin die finanziell geschwächte Prager Sektion die Hütte an die Essener abtrat, die sie instandsetzte und 1926 wieder eröffnete. Die Hütte liegt in gut 2000m Höhe im Umbaltal unter dem Steingrubenkopf auf der einen und der Röt- oder Welitzspitze auf der anderen Seite.

Die Clara-Hütte auf einem alten Foto. (Aus der Festschrift „125 Jahre Clarahütte im Umbaltal")

Nachkriegszeiten und Konjunkturen des Tourismus haben, egal ob nach dem Ersten oder nach dem Zweiten Weltkrieg, die Bautätigkeit auf den Schutzhütten angeregt.

Das Defreggerhaus

gehört zu denjenigen Hütten, die schon vor dem Ersten Weltkrieg gebaut wurden, nämlich in den Jahren 1885-87. Es wurde vom dem Baumeister Simon Budemaier aus Prägraten errichtet, der auch den Bau der Neuen Prager Hütte und der Rostocker Hütte leitete. Von Budemaier wird die Geschichte erzählt, er habe sich einmal vermessen. Bei einem Bauernhausbau ging es um den längsten Balken, den First. *Und da hat der Baumeister so überschlagen und gesagt, ja, da wird er abgeschnitten. Bis es gepasst hat, haben sie dreimal ein Stück weggeschnitten. Dann war der Balken zu kurz. Da war der Spruch: „Dreimal haben sie abgeschnitten, da war er noch zu kurz."*

Nach dem Ersten Weltkrieg wurde die Hütte in den Jahren 1921-25 umgebaut und in den 30er Jahren wiederum erweitert. Die Hütte liegt in gut 2900m Höhe dicht an einer Felsrippe, die vom hohen Gletscherdach tief hinunter ins Dorfertal führt.

Hüttenbauten des Alpenvereins haben immer etwas mit Landsuche und Landnahme zu tun. Viele Hüttenbauten verdanken sich dem Verlust von Südtiroler Hütten nach dem Ersten Weltkrieg. Beispiele dafür im Virgental:

Die Bonn-Matreier Hütte

liegt auf einem Felsplateau unter dem Sailkopf in etwa 2800m Höhe. Die Bonner Sektion des Deutschen Alpenvereins stieg in die Planung, Finanzierung und Betreuung der Hütte ein, da sie nach 1918 ihre Hütte am Toblacher Pfannhorn in Südtirol verloren hatte und auf der Suche nach einer neuen Hütte war. Die Hütte wurde am 14. August 1932 eingeweiht. Heute stellt sie einen wichtigen Etappenstützpunkt auf dem Venedigerhöhenweg zwischen der Badener und der Eisseehütte dar.

Die Neue Reichenberger Hütte

stand ebenfalls im Zusammenhang mit den Folgen des Ersten Weltkriegs. Die Sektion aus dem Sudentenland wurde nicht nur verboten, sondern verlor auch ihre Hütte bei Cortina d'Ampezzo. Im Jahr 1926 wurde die Neue Reichenberger Hütte unter der Bachlenke eröffnet.

Die Neue Essener Hütte
wurde im Jahre 1928/29 im hinteren Umbaltal in gut 2500 m Höhe erbaut. Nachdem das Haus im Winter 1936/37 zum ersten Mal von der Lawine zerstört worden war, wurde es 1938/39, mit dem Beinamen Philipp-Reuter-Hütte, etwa 100 m höher wieder aufgebaut. Diese Hütte fiel 1958 der Lawine zum Opfer. Etwas unterhalb der Ruine steht heute ein Biwak, die „Kleine Philipp-Reuter-Hütte".

Auch beim Zubau der **Essener** zur viel älteren **Rostocker Hütte**
im hinteren Maurertal spielte die große Politik insofern herein, als die Rostocker nach 1949 ihre Heimatsektion verloren hatten und als wirtschaftlich schwächere Marktheidenfelder unter diesem neuen Namen an einer Hüttengemeinschaft mit einem reicheren Partner durchaus interessiert waren. So wurde der große Bau der Essener neben der Rostocker Hütte in den Jahren 1964 bis 1966 aufgeführt. In diesem Fall konnte die Seilbahn, die heute zur Versorgung der Hütte dient, bereits für die Bauarbeiten genutzt werden.

In der Festschrift zum 60jährigen Bestehen der Rostocker Hütte 1912 – 1972, Sektion Rostock-Marktheidenfeld im DAV, werden die Bedingungen beim Bau der Hütte im Jahr 1911 geschildert: *„Das gesamte Material mit Ausnahme der Steine für die Außenwände musste vom Streden aus mit Trägern hinaufgeschafft werden. Diese Träger, an einem Tage bis 73 an der Zahl, unterzogen sich gerne 2x täglich dieser Aufgabe, denn ihr Lohn hierfür lag weit höher als der, den sie durch die Arbeit beim Bauern – […] verdienen konnten."*

Die Hütte wurde lange Jahre von Ida Steiner bewirtschaftet, eine jener legendären Hüttenwirtinnen, die von Einheimischen und Gästen gleichermaßen als „Seele vom Geschäft" geschätzt, wenn nicht gar verehrt wurden. Der Enkel Friedl Steiner und seine Frau Angelika sind ihre würdigen Nachfolger.

Die Hüttengemeinschaft der Essener und der Sektion Main-Spessart /Marktheidenfeld wurde im Jahre 1998 aufgelöst, so dass die Sektion Essen nunmehr alleinige Eigentümerin der Essener-Rostocker Hütte ist.

Die Bergerseehütte
liegt im Gebiet der Lasörlinggruppe unterhalb des Bergerkogels an einem Karsee. Diese private Hütte wurde zwischen 1955 und 1959 erbaut.

Anmerkungen

1 „Achte den Menschen als Menschen, nicht als Eselsersatz oder als Arbeitstier.", schreibt Reinhard Karl im Zusammenhang seiner Pakistan-Expedition (Karl 1993, 99). Unseres Wissens hat Reinhold Messner mit dem romantischen Unsinn Schluss gemacht, die selbst im Schnee barfußgehenden Sherpas nur zu bewundern, statt ihnen geeignetes Schuhwerk mitzubringen als Minimalbedingung einer Himalaya-Expedition.

2 Im Kontext anderer Themen kommen verschiedene Autoren beiläufig auf die Hüttenträgerei zu sprechen, so z.B. für das Pitztal Benedikt/Pechtl 1985, S.115ff. und Pechtl/Tamerl 1991, S. 111f.

3 Cron, G.: Die brüllende Steppe. Berlin 1939, zit. n. Harms 1984, 107

4 Heinrich Pfannl, Was bist du mir, Berg? Wien 1929, S.17/18

5 Von den Einheimischen war Reuter hoch geachtet. In Rainer Amstädters Aufarbeitung des Alpinismus in der NS-Zeit taucht Reuter als Vertreter des liberalen Bürgertums auf, der sich in den 20er Jahren offen gegen den Antisemitismus im DÖAV stellte, z.B. anlässlich des Ausschlusses der Sektion Donauland im Jahr 1924. Immerhin trug Reuter in den 30er Jahren offenbar die Vereinnahmung der Bergsteigerei durch die Nazis mit. Jedenfalls findet sich sein Name im Verzeichnis der Bergsteigergauführer für die Gauen Westphalen, Niederrhein und Mittelrhein (Mitteilungen des Fachamtes Bergsteigen des Deutschen Bergsteiger- und Wanderverbandes, Jg. 1934/35). Im Deutschen Bergsteiger- und Wanderverband suchte die NSDAP die Alpenvereine in den Reichssportbund einzubinden und „gleichzuschalten".

6 Unter dem riesigen Felsen über der Schmelzwassermulde war immerhin genug Platz, dass italienische Arbeiter („Walsche", deshalb der Name „Wallischer Stein") zur Zeit der Bauarbeiten an der ersten Hütte in einem notdürftig hergerichteten Unterstand nächtigen konnten.

7 Die scharfen Konflikte um die Ausdehnung des Nationalparks Hohe Tauern auf das Virgental in den 90er Jahren sind nur auf dem Hintergrund dieser Besonderheit der Grundeigentumsverhältnisse zu verstehen.

8 „Der Trägerlohn ist die einzige Möglichkeit, zu Bargeld zu kommen. Trotzdem gab es dort immer Trägerstreiks, ein falsches Wort, und die stolzen Geldlosen warfen die 20 Kilogramm Selbstverwirklichungsmüll der Berghelden auf den Gletscher." Dies

schrieb Reinhard Karl nicht über Osttirol, sondern über die Träger in Pakistan (Karl 1993, S.100)

[9] Die Geschichte des Straßen- und Tunnelbaus im Virgental ist von H.Alexander knapp und plastisch dargestellt worden (vgl. Alexander 1991).

[10] Martin Kofler widerspricht für Osttirol dieser landläufigen Darstellung: „Osttirol etwa war von der Sperre […] weniger betroffen, da dort die reichsdeutschen Gäste insgesamt nur einen Anteil von circa 10 Prozent und bei den Übernachtungen 8-9 Prozent ausmachten. Fremdenzahlen Bezirk Lienz: 1931/32: 39.427, 1932/33: 33.856, Sommer 1934: 30.647, Ende 1935: 39.844." (Kofler 1996, S.46f.)

[11] Um Geld zu sparen, setzte die Landesregierung für den Straßen- und Tunnelbau die einheimischen Bauern in Robotschichten ein. Vgl. Alexander 1991, S.102

[12] Die Geschichte dieser Rückübertragung ist in Christine Schemmanns Buch aus dem Jahr 1988 detailliert nachzulesen (S.212ff.)

Index

Literatur

Alexander, Helmut 1991: „… womit endlich der Ort Prägraten mit der übrigen Welt eine Verbindung erhalten hat." Zum Bau der Virgentalstraße in Osttirol. In: Photodokument. Eine Ausstellungsreihe der Firma Durst über Photographie in Tirol. 1. Transit. Die Überwindung der Alpenbarriere in der Photographie. Brixen, S.110-115

Benedikt, Erhard und Willi Pechtl 1985: Menschen im Tal. Bilder und Berichte vom kargen Leben. Zur Alltagsgeschichte des Pitztales (1890-1950). Innsbruck

Benvenuti, Oliver 1998: Säumer und Fuhrleute. Die Spediteure der Vergangenheit. Feldkirch

Berger, Franz Severin: Ein paar Kreuzer und ein Laib Brot. Das mühsame Leben der Kerntragweiber von Hallstatt, in: Wiener Zeitung v. 24.10.97, S.9

Cron, G. 1939: Die brüllende Steppe. Berlin

Festschrift 125 Jahre Clarahütte im Umbaltal, Venediger Gruppe Süd, Sektion Essen des Deutschen Alpenvereins e.V., Essen 1997

Festschrift zum 100jährigen Bestehen der Sektion Reichenberg im Österreichischen Alpenverein, St. Jakob im Defereggen 1993

Harms, Volker (Hg.) 1984: Andenken an den Kolonialismus. Eine Ausstellung des Völkerkundlichen Instituts der Universität Tübingen. Tübingen

Karl, Reinhard 1993: Erlebnis Berg: Zeit zum Atmen, bearb. v. E.Landes, hg. v. DAV. München (Orig.ausg. 1980)

Kleinlercher, Heinrich: Prägraten in Osttirol. Kleiner Führer durch das hintere Iseltal und die umliegende Bergwelt. Prägraten o.J.

Kofler, Martin 1996: Osttirol im Dritten Reich 1938 – 1945. Innsbruck

Oberwalder, Louis 2001: Ida Steiner. Hüttenwirtin auf der Rostocker Hütte, hg. v. Österreichischen Alpenverein. Mils-Innsbruck-Prägraten

Pechtl, Willi, und Alfred Tamerl 1991: Josef Schöpf: Flickschuster, Mesner, Photograph. Alltag im Pitztal. Rosenheim

Pfannl, Heinrich 1929: Was bist du mir, Berg? Schriften und Reden. Hg. und Verlag Österreichischer Touristenklub. Wien

Schemmann, Christine 1983: Wolkenhäuser. München

Schemmann, Christine 1988: Pioniere, Abenteurer und Mäzene. Ostdeutschlands Beitrag zur Eroberung der Alpen. Leer

Bildnachweis

Wir danken den folgenden Personen für die Überlassung von Fotos:

Adler, Wilfried, DAV Sektion Oberland, München 83

Alpines Museum Innsbruck 76

Berger, Alois, Bergführer 8, 18, 33, 42, 44, 54, 68

Berger, Alois, Lasnitzenwirt 78f.

Bstieler, Gotthard 38, 60 oben

Klose, Christoph, DAV Sektion Bonn 22

Fucke, Familie 76

Kratzer, Friedl 56

Kratzer, Josef 19 unten, 47

Pannert, Walter 36, 37, 55

Raneburger, Kurt 69

Scheu, Horst 62

Steiner, Anton 25, 34, 48, 57, 71, 85

Steiner, David 19 oben, 51, 52

Tourismusverband Oberes Iseltal 10/11

Wurnitsch, Elisabeth 24, 26, 58, 59, 60 unten, 61

Die Autoren

Anke Bünz-Elfferding, geb. 1949, Flötistin und Musiklehrerin, und
Wieland Elfferding, geb. 1950, Lehrer und Publizist;
leben in Berlin, aus dem sie immer wieder auf die Berge zurückkommen –
als Orte des Daseins und des Nachdenkens.

Informationen zur Alpin- und Tourismusgeschichte Tirols
finden Sie auch im Buch

„Tirols Geschichte in Wort und Bild"
von Michael Forcher

21 x 25,5 cm, Hardcover, 432 Seiten,
ca. 500 Farb- und SW-Abb., 4 historische Karten, Euro 34.-
6., völlig überarbeitete und erweiterte
Auflage 2002; ISBN 3-85218-339-1

Als „populäres Standardwerk" hat sich diese kurzgefaßte, reich
bebilderte und bei aller wissenschaftlichen Exaktheit leicht lesbare
Geschichte Tirols seit Jahren bewährt. Das Werk liegt inzwischen
in sechster Auflage vor, aktualisiert durch die Einbeziehung neuer
Forschungsergebnisse und jüngster Ereignisse, vor allem aber
erweitert durch zusätzliches Bildmaterial. Den Beginn machen jetzt
zwei Kapitel, die Prof. Franz Fliri beigesteuert hat und die sich mit der
Entstehung und Geschichte der Tiroler Landschaft befassen.

Wer sich rasch und gründlich über die wechselvolle Geschichte Tirols
in seinen alten Grenzen informieren will, findet neben den politischen
Entwicklungen auch Kapitel über die wirtschaftlichen und sozialen
Verhältnisse der verschiedenen Epochen und zahlreiche Informationen
zur Kulturgeschichte. Besonderes Augenmerk wird dem
Südtirolproblem von der Teilung des Landes über die Zeit der
faschistischen Unterdrückung bis zu den Bombenanschlägen der sechziger Jahre und zur endlich erlangten Autonomie geschenkt.

Haymon-Verlag